·青春期素质教育丛书·

丛书主编 ◎ 曹 畅

积极营地导师的关键能力

JIJI YINGDI DAOSHI DE GUANJIAN NENGLI

王彩霞——主 编

四川人民出版社

图书在版编目（CIP）数据

积极营地导师的关键能力 / 王彩霞主编 . — 成都：四川人民出版社，2020.12

ISBN 978-7-220-12094-7

Ⅰ . ①积… Ⅱ . ①王… Ⅲ . ①青少年—课外活动—教学研究 Ⅳ . ① G632.428

中国版本图书馆 CIP 数据核字（2020）第 238258 号

JIJI YINGDI DAOSHI DE GUANJIAN NENGLI

积极营地导师的关键能力

王彩霞 主编

特约编辑	姚祝耶
责任编辑	母芹碧 何佳佳
封面设计	木之雨文化
版式设计	戴雨虹
责任校对	梁 明
责任印制	王 俊
出版发行	四川人民出版社（成都槐树街2号）
网 址	http://www.scpph.com
E-mail	scrmcbs@sina.com
新浪微博	@四川人民出版社
微信公众号	四川人民出版社
发行部业务电话	（028）86259624 86259453
防盗版举报电话	（028）86259624
照 排	成都木之雨文化传播有限公司
印 刷	四川华龙印务有限公司
成品尺寸	170mm × 240mm
印 张	15.5
字 数	230千字
版 次	2020 年 12 月第 1 版
印 次	2020 年 12 月第 1 次印刷
书 号	ISBN 978-7-220-12094-7
定 价	68.00元

推荐序

彭凯平

清华大学社会科学学院院长、心理学系主任

积极天性研究中心主任

2020年9月27日，在清华大学社会科学学院积极天性研究中心举办的“青少年积极品质论坛”上，作为积极天性研究中心的理事会委员，卓育英才的张振芬女士、这套丛书的主编曹畅老师与我共同受邀出席。我在论坛上做了主题为“积极心理是人的天性——科学心理学的启迪”的报告，分享了一名积极心理学研究者如何看待人类的积极天性及积极教育应该关注人类什么样的独特优势。

我在报告中提出，从个体层面来说，积极教育要培养幸福的人。在从事积极心理学基础研究工作中，我总结出让孩子得到幸福的重要的路径主要有以下几点：一是在教育过程中，帮助孩子提高积极自我认识、积极自我效能感，即认为我能够成就某些事情。二是交给孩子情绪调节的方法，包括情商、抗逆力，以及负面心理的调整。三是让他们获得沉浸感，即做任何事情能沉浸其中、酣畅淋漓，无论学习、生活还是娱乐，都能做到专注、投入。同时，我们也强调孩子的关系建设：建设团队，互惠互利，团结合作，都是得到幸福的特别重要的路径。

从社会层面来说，积极教育应培养面向未来且有价值的人。青少年应该具备什么样的心理品质以面对未来社会？针对这一问题，我与课题组进行了大量的研究，特别是对清华大学优秀毕业生的研究。我们试图发掘学生能够成才多少、成就多大，究竟与什么因素相关。我们的研究发现，决定一个人最后能不能在未来成为有成就、有贡献的人才有三个特别重要的因素——

·第一，审美感（Aesthetic）：能够看到别人看不到的、领悟别人领悟不到的，能够欣赏自然、社会与人的真、善、美；

·第二，创造力（Creative）：能够分析问题、解决问题，能够创造新概念、新事物，能够想象、憧憬并计划未来；

·第三，同理心（Empathic）：能够敏锐地感受并影响他人的感情，能够了解并理解他人的欲望和需求，能够善待他人、成人之美。

这三个英文单词的首字母组合为ACE。据此，我提出了积极天性的ACE（王者）模型。一个人能不能成为有价值的人才，正是取决于他的“王者之力”。这些是我近年来作为积极心理学工作者对青少年教育所重点关注的内容。

张振芬女士的致辞让我感受到了她对教育的热爱与敬畏。她意识到心理健康对青少年的重大意义后，将自己的工作内容从学科教育毅然转为素质教育，十多年来不惧风雨却如履薄冰。听到她说这些，我看到不仅是受教育者，教育工作者也被教育深刻影响着。这就是教育的魅力。

而曹畅老师随后进行的题为“素质教育实践者的披荆斩棘与乘风破浪”的分享则更加让我眼前一亮。

一方面，作为青少年营地素质教育的先行者及倡导者，曹畅老师在会上分享了他从事营地素质教育十多年的点滴心得。他讲到，青少年的成长目标很简单，就是“真”“善”“美”——真诚纯粹的真，付出利他的善，激情艺术的美。这正与我的观点不谋而合。

另一方面，他所分享的创业史是一则艰辛却鼓舞人的故事。由于营地的教育属性、导师的教学属性易被忽视，他从事的营地素质教育的发展受到了不小的阻碍与压力——按照他的话说，从业的前十年都在“披荆斩棘”，只有最近两年才享受了一点“乘风破浪”。这种矢志不渝的教育初心让同为教育工作者的我心有戚戚焉。

事实上，营地教育的根本还是要落实到“教育”上。其目的直接触及教育的根本任务——我们究竟要培养什么样的人。并且，营地素质教育作为一种独特的教育载体，试图通过多感官、情景体验、户外活动进行人际关系、领袖力、意志品质、责任、爱心等多主题的课程、活动，来释放青少年的积极天性，培养青少年的积极心理品质。我欣喜地发现，曹畅老师十多年从事的营地素质教育，正日益成为培养幸福青少年、发掘他们“王者之力”的重要途径。通过多种形式的积极教育与持续不断的积极影响，会让每个孩子更加阳光快乐、自信有爱，让幸福在每个家庭中流动，对此我很有信心。

清华大学社会科学学院积极天性研究中心正式成立

我自从事积极心理学研究，并受清华大学邀请从事清华心理学系复系工作以来，为了激发青少年的积极天性，始终耕耘在积极心理学的科研和教学一线。而本丛书的作者们作为营地导师，也在十余年间陪伴了十多万名青少年成长，用自己独特的教育方式引导他们健全积极的心理品质。论坛的最后，伴随着我们几个委员和嘉宾的手按向屏幕，积极天性研究中心正式成立了。我相信，随着中心的成立，积极心理学的理论研究能够更加切实地应用在实践中，为我国的教育事业发挥愈来愈大的作用。

“青春期素质教育丛书”序

2020年9月27日，在北京某酒店会议厅后排，我准备着即将上台的发言。多年来无数次公众演讲、唱歌跳舞、做鬼脸的经验，都没有为今天起到镇定的作用。我一句一句低声念着稿子，心里忐忑地想，今天就不要脱稿演讲了，老老实实念就好。

这是我们捐助清华大学社会科学学院成立“积极天性研究中心”的仪式，也是积极心理学的一次高端论坛。发言嘉宾有四位，第一位是积极心理学家彭凯平教授，还有两位是北大教授和北师大教授，我被安排在第四位，“鸭梨山大”。

我明白自己的压力更多是来自关注着仪式的几百位同事。他们中很多是和我一样的营地导师，有刚毕业入职的年轻人，也有一起奋斗了七八年的老伙计。我明白他们的期待，期待着有人代表他们和心理学界、教育学界的顶级大咖同台，去确认我们的事业是有价值的，我们的理想是有意义的。

2007年，当时29岁的我从杂志社离职。离开江河日下的纸媒行业，机缘巧合下，当了几次夏令营导师。一直以来，营地导师在中小学教师、K12辅导讲师、体育艺术培训老师中间都处于鄙视链末端，甚至被人们认为是低水平的兼职老师，不能称之为正式的工作。一开始，我也难免受此影响，没有将自己的职业当回事。直到在一场营地中，一位来自宝岛台湾的长者展示了如何用体验式的团队活动启发孩子们去思考生命的价值。那不是普通的素质拓展游戏，而是深度的心理成长课程，需要极精密的操作技巧、丰富的经验和教学团队的密切配合才能完成。

我的观念被完全颠覆。于是一个想法开始萌芽：从此就当个营地导师吧，帮助青春期孩子更勇敢地面对所谓“厌学”“叛逆”“沉迷游戏”“迷茫”等他人或自我的否定，更加积极、健康地成长——这就是我想做的事，是我想成为的样子。营地教育这个广阔天地，大有可为……

旁边的工作人员提醒，该我上场了。我拿着讲稿，看着台下的各位教授和同事们，忽然不紧张了。我不需要讲深奥的学术问题，只说说这些年我们都做了什么，不一样很有价值吗？

这些年，我们把10—16岁的青春期孩子作为核心用户，将心理学技术和中国传统文化结合，开发了一系列形式各样的营地课程以及衍生的周末课程。“青春期”三个字决定了我们必须在儿童和成人的思维能力与趣味取向的中间地带找到一套独有的方法论。而这个年龄段的孩子正在被繁重的学业压力所禁锢。多年来，一些头部教育企业都专注于学科教育，对青春期孩子的心理健康与成长并不多加关注。没有头部企业的领导，行业标准自然也无从谈起。这在商业上叫蓝海，在教育上却令人难过。

另一方面，市场上众多的家庭教育也不是我们要走的路。

传统的家庭教育以家长为核心用户，把青春期教育的专业方法教给家长，让家长在自己孩子身上实践。这里的问题在于，青春期教育何其复杂，涉及生命教育、性教育、情感教育、生涯教育、人际关系教育等领域，涉及多种心理学和教育学知识，每一个题目都值得一位专家穷其一生去研究实践。普通的父母在孩子最关键的四五年间能学会多少知识，运用成功的概率又有多大，是任何一个教育工作者都无法保证的。“老师→家长→孩子”的教育链条，将每一位迈入中年焦虑的父母置于中间位置，给他们带来了更大的挑战和压力。而移动互联网时代，信息爆炸式地增长更新，让代沟也扩大成了“东非大裂谷”。

此外，令我们震惊并遗憾的是，一些打着教育旗号的机构，如“雷电法王”杨某某搞的“某某书院”几乎是全封闭集中营，伤天害理，与教育的本质南辕北辙，不必多言。

所以要想帮助孩子顺利度过青春期，要直接帮助孩子，也要给家长减压；要有效，也要持续；要与时俱进，还要对社会产生积极的影响。这是一个系统，一个我们过去从未建立起来的系统。

首先，从导师的角度，我们需要摆脱说教、填鸭式的教学，改良优化多种体验式教学法，发现和引导孩子天性中的积极因素。导师设计和带领的营地课程必须让孩子发自内心地认可和喜爱，而不是热衷于迎合家长。

其次，从孩子的角度，他们需要拥有一个能和更多同龄伙伴深入交流内心的平台。伙伴往往比长辈更能影响青春期孩子。

再次，从家长的角度，家长在学习中提升自己，和孩子共同成长，产生互相促进、彼此影响的化学反应，不能夹在老师与孩子中间无的放矢。

再次之，在环境方面，我们需要运用自然环境和社会环境，给孩子提供在广袤的大自然中感悟生命、在与陌生人相处的社会实践活动中实现自我价值的机会，而不是在虚拟的互联网或教科书的世界中失去对现实的关心和尊重，在三点一线的牢笼里失去诗和远方。

最后，我们需要提供一些榜样，这些榜样并非高不可攀的人，而是有着相似经历的同龄人或学长学姐。蜕变后的他们可以经常回到营地中和学弟学妹们分享经验教训，他们看得见摸得着，生动而鲜活。我们需要打造一个正能量的圈子，甚至打造一个非学科考试的培优上升通道。

这样，我们建设了以孩子为核心，围绕着“导师—伙伴—家长—环境—榜样”五个能量场的持续有效的系统性解决方案。

看起来不错吧？我们用十多年时间在这五个维度都研发了课程，口碑不错，学员也越来越多，“光和青春”品牌在一、二线城市中有了一点点知名度，这个系统也初步成型了。

支撑整个系统的关键，是标准化、可复制的教育技术模型和导师模型。

我们采用的教学方法叫作“情景体验教学法”。运用音乐疗愈、舞蹈疗愈、戏剧疗愈、冥想训练、仪式教学、团体心理行为训练、冒险疗愈、社会实践等，让孩子在体验中得出自己独有的感悟和收获。体验大于说教，“心门不开，技法不用”。我们导师的教学理念是“真”“善”“美”。真即是纯粹、真诚，善即是利他、付出，美即是激情、艺术。我发现每次一说“真”“善”“美”，别人都会抿嘴一笑，大概觉得太玄乎了，后来就说成“更真一点”“更善一点”“更美一点”。

更真、更善、更美，以积极的视角看待青春期发展，是我们一以贯之的基本教育观念。如何通过营地教育发现青少年的积极天性、培育积极家庭，如何将这一理念应用到青少年心理咨询中，以及营地导师的胜任力如何，是这套书试图去探索的问题。

当然，我们还有很远的路要走，这套书只是阶段性的总结，以后回头看看，肯定还会发现很多问题与稚嫩的地方。一开始策划这套书时，我总显得畏手畏脚：我们需要完善的地方太多了。但彭凯平教授的话点醒了我。当我走下台后，彭教授对我说：“我们做了很多年的积极心理学理论研究，难得你们也认认真真地做了很多年的应用实践，在现在的教育环境下，很不容易，我们都值得鼓励。”

那么这套书就当作向大家表个决心吧：我们会继续好好地努力下去。假如能引起一些业界的争论，或者能吸引到更多的志同道合之人，岂不是意外之喜！

嗯，写到这里，甚至想贴个自己的微信二维码呢。

光和青春总导师曹畅（PP）

2020年12月

《积极营地导师的关键能力》序

人们普遍认为，学习仅是发生在脖子以上的头脑层面，但很多研究表明，学习其实是发生在身体的各个细胞中的。具身认知理论认为，身体也要参与学习，身体对思维、记忆和学习有一定的作用，要认识到身体智慧，向身体聆听。生理体验和心理感觉是相互作用的，比如：人在开心的时候会微笑，而如果微笑，人也会趋向于变得更开心。孩子们也要从单纯的课堂学习，拓展到更多的学习场景中去，走出去，动起来，用身体去学习。

随着时代的发展，我国青少年产生了新的教育需求，催生了多种多样的教育创新，营地教育也在此应时而生。每逢假期，很多家长都会为孩子选择营地，体验营地教育中的各种活动。但据调研，中国的营地教育，大部分的“营地”外在形式超越了“教育”内核本质，很少将教育理念真正运用于营地活动中。

光和青春十多年一直深耕青春期营地素质教育，将教育学、心理学及社会学等与营地活动创新整合，基于情景体验、释放天性的教学理念，开发出动力型青春期课程体系，通过九大情景体验教学法，让孩子们用头脑认知世界，用身体感知世界，用心灵觉知世界，十多万的青春期孩子走进了光和青春的营地，得到了身心的全面成长。所坚持的“师资自培”的营地导师专业培训模式，已培养了众多经验丰富、深受家长和孩子们喜欢的专业青春期营地导师。

营地导师到底应该具有哪些核心能力呢？带着这个问题，我回顾了20年来在高校从事教育学的教学、科研经历，特别是教师专业发展项目的研究经验，尝试从教师专业发展理论和实践的各个维度将营地导师的隐性知识显性化。我们希望能够通过田野观察、访谈等方法，对营地导师的关键能力进行总体提炼，梳理成章，为中国新兴的营地教育行业中营地导师的培养和专业成长提供一定的借鉴和参考，也希望营地教育能够真正的在中国这片土地上开花结果。

本书的写作逻辑如下：

本书以积极心理学作为撰写的基本理论指导进行整体架构。全书主体分为三篇。第一篇“走近营地教育”共包括三章内容。首先对营地教育做了基本介绍。营地教育是以团队生活为基础、以体验式学习为主要教育方式，以教育学、心理学和社会学等学科理论为实践依据，由专业师资组织开展的促进青少年发展的各类素质教育活动。另外，从国内外的视角梳理了营地教育的历史发展、现阶段的发展情况及存在的问题，以及未来营地教育发展的趋势。第二篇“发现积极青少年”包括六章内容，从积极心理学的视角阐述了青少年需要具备的乐观与希望、情商、积极自我、积极投入、心理韧性、领袖力等六种积极品质，给出了这些品质的基本含义，并以生动的案例呈现了具有这些积极品质青少年的行为表现。这些品质直接影响着青少年的心理发展，营地导师需要意识到营地教育到底应培养什么样的孩子，深知肩负的使命和责任。第三篇“营地导师的关键能力”是本书的核心，共包括八章内容，依据教师专业发展理论，结合营地教育的特点，首先阐述了营地导师的职责及其必须具备的基本伦理及基础理论知识，并进一步详细介绍了营地导师在营地课程研发及教学中应具有的沟通共情能力、场构建能力、积极反思能力、创新整合能力以及户外素养等能力。需要指出的是，有别于学校教师，这些都是营地导师所需具备的独特能力。教师是教育的主导者，在中国营地教育蓬勃发展的今天，只有具备这些核心能力的营地导师才能保障营地教育的质量。

本书注重专业理论和实践相结合，图文并茂，并采用了大量的案例。本书试图给营地教育行业提供营地导师培养的基本知识与途径方向，同时，希望关注青少年教育的家长及教育界人士也可通过阅读本书初步了解营地教育。本书由王彩霞担任主编，并负责对全书进行整体章节规划；姚祝耶对全书内容进行了编排和统稿。王彩霞与王晓艳共同承担了第一篇第一、二、三章，第二篇第四章，第三篇第一章的撰写；王晓艳承担了第二篇第二章，第三篇第二、七章的撰写，此外还负责全书大部分章节的修订与完善；刘慧婷承担了第二篇第一、五章的撰写；杨文静承担了第三篇第四、六章的撰写；朱敏承担了第二篇第三章的撰写；陈美玲承担了第二篇第六章的撰写；高芳承担了第三篇第三章的撰写；康锦琳和马金库承担了第三篇第五章的撰写；刘小铭承担了第三篇第八章的撰写。

随着本书编写工作的进行，我意识到本书的写作充满着责任和挑战：所谓责任，是光和青春研发了基于积极心理学建立的营地导师培养模型，积累了在国内营地教育十多年深耕的本土化师资自培经验，又得到清华大学社科学院积极天性研究中心提供的学术支持，是时候将营地导师的关键能力梳理出来，并提供给同行参考借鉴。而挑战，则是在翻阅了大量的营地教育书籍和文献后发现，营地教育虽然在国内已经兴起，但目前还没有一本关注营地教育导师专业成长的书籍。因此，撰写本书少有外界现成的文献和资料进行参考，几乎是从零做起，工作强度与难度可想而知。

因此，在此我要感谢光和青春的所有营地导师，正是他们在十多年的营地教育中全力投入、辛勤付出才有了本书的素材。特别感谢案例亲历者们无私奉献和提供，看到你们在营地中的成长，是我们最大的幸福。感谢李智苗、王键、王金成、姜甜甜、林仙花等老师为本书案例提供做的工作。感谢马金库、于建平、王加华、张婧、刘冰等老师在本书写作过程中提供的专业指导。本书写作中参考的文献已在书后列出，特此致谢。由于作者经验和学识有限，书中不当之处，敬请各位读者批评指正。

王彩霞于北京

2020年12月

Contents 目录

第一篇　走近营地教育

第二篇　发现积极青少年

第三篇 营地导师的关键能力

第一篇 Passage One

走近营地教育

第一章

营地教育，给孩子不一样的成长助力

一次特别的营地活动，可能会改变孩子的一生。

——国际营地协会（ICF）秘书长约翰·乔根森（John Jorgenson）

一、营地教育的含义

随着时代的发展，个性化的教育需求越来越多，这些新的教育需求催生了多种多样的教育创新，营地教育也在此应时而生。当前，营地教育并没有一个统一的定义，不同的研究者和实践者对营地教育的理解也各有不同。例如，在大多数家长看来，营地教育是一种户外体验活动，能够让孩子锻炼体能，学习户外知识。在青少年眼中，通过营地教育能够结交很多伙伴，一起参与活动，相互帮助、共同成长。1998年，美国营地教育协会（American Camp Association，简称ACA）将“营地教育”定义如下：“营地教育是一种在户外以团队生活为主，为学员提供创造性、娱乐性和教育意义的持续体验。培养学员的领袖力，以及领袖力所需要具备的自尊、信心和勇气等，帮助每一位营员获得生理、心理、社交能力以及心灵方面的成长。”营地教育的边界很难界定，从“泛营地教育”的角度而言，营地教育包括了研学旅行、校外素质教育、户外拓展活动、社会实践、游学、夏冬令营及教育旅游等多种形式。可以说，营地教育的主题、形式、活动内容，都没有一个统一的标准。但不论何种形式的营地教育，其教育属性都是最重要的特征。在“体验式学习”核心理念的指导下，营地教育成为一种被越来越多人接受的新型的教育模式，成为学校教育和家庭教育之外不可或缺的第三种教育力量。基于此，我们认为，青少年的营地教育是以团队生活为基础、以体验式学习为主要教育方式，以教育学、心理学和社会学等学科理论为实践依据，由专业师资组织开展的促进青少年发展的各类素质教育活动。这些教育活动融合教育性、创造性、娱乐性于一体，鼓励、引导青少年探索自己的潜能，在团队中发展自己的领导力、沟通能力、团队合作能力、情绪管理能力等，帮助青少年建立自信心，提高共情能力，提升青少年和自己共处、和家人共处、和他人共处的能力。

青少年营地教育活动应围绕“青少年的发展”这一核心目标展开，以促进青少年身心健康成长，提高其人际交往、问题解决、适应社会的能力。而营地教育的活动设计要紧紧围绕营地教育目标展开，依据青少年发展需要，依托营地建设环境，设计模式新颖、引人入胜又有教育意义的营地教育活动，真正让青少年接受“体验教育”，促进其全面发展。

二、营地教育的特点

青少年营地教育以青少年群体为教育对象，主要采用体验式的教育方法，让青少年在体验式的课程中发展能力。当前，青少年营地教育主要具有以下特点。

1. 体验性

营地教育通过创设一定的情境，让青少年产生多重感官的体验。这种体验中的学习使青少年不脱离现实世界，以此习得更多现实世界中所需要的能力，例如芬兰的“我和我的城市”（Me & My City）项目。这个项目建设了一个微型城市，孩子在这个微型城市从事某种职业、作为居民在这里模拟生活。这个项目在芬兰备受赞赏，成为评估孩子社会能力、工作生活能力、未来职业倾向等方面的重要手段。这种基于现实世界创设的情境可以让孩子们更加真实地展示自我、发现自我、认识自我、重塑自我。

我要对团队负责

“PVP商战”是一个模拟真实公司运营的营地课程，这个课程让孩子自己组建公司，在一定的规则下进行招聘、组建生产和销售团队、裁员，分析客户需求，设计产品，核算公司利润、流水等商业运营工作。整个过程全部采用真实货币，在真实的生活场景中进行交易，自负盈亏。这是一个并不简单的游戏，在“PVP商战”课程中，孩子们理解了商业活动的不易，也懂得了很多生活中的道理。

大圣第一次参加“PVP商战”的目标是：“我要去商战当老板！”此时的他，除了初来乍到的兴奋，对自己将要会面临的困难和挑战一无所知。商战第一天，一切似乎都很顺利，大圣凭借自己良好的人缘很快就招到了员工。但挫折很快就找上了门——由于在招人环节没有和员工明确工作内容，没有仔细计划本公司产品的成本、利润，大圣的公司很快破产。在宣布公司破产的时候，很多员工选择离开大圣，大圣也因为发不起工资愧疚不已，这个平时嘻嘻哈哈、大大咧咧的大男孩沮丧至极。他知道自己并不是为了玩一玩才来商战的，而是真实地想体验商业活动。可是之前的一切似乎都太随意了，自己不仅没有对招来的员工负责，也没有对自己负责。

“失败并不可怕，可怕的是你被失败打倒，失去了站起来的勇气。我大圣现在虽然破产了，但是我会好好总结经验，东山再起！”在中场休息的分享会中，大圣当众表态，决定再拼一次。这一次，他和员工约定工作范围，并且分析上一次失败的原因，找到控制成本的关键，同时督促员工制作出高质量的产品；他也和销售一起跑市场，向每一个过路人不厌其烦地推销自己的产品。这一次，这个看起来总是“不正经”的孩子，为了对公司、对员工、对自己负责，付出了十二万分的努力，认真对待每一个客户、每一个员工。商战结束的时候，大圣所在的团队获得了第二名的好成绩。

大圣说，在商战中，他学会了不畏惧失败，也学会了如何管理团队。“名次是不是第一已经不重要了，最重要的是我要对和我一起奋斗的团队负责。”当他有力地说出这句话时，他在这门课程中的收获也就不言而喻了。

青少年阶段正是商业观、金钱观形成的关键时期，“PVP商战”中，他们需要直面这些商业规律、金钱概念，以及成年人社会的一些规则，这有利于他们对商业产生正向而独特的认识与理解。

2. 社会性

营地是一个有序运转的大社区，青少年一旦进入这个场所，就要面对接待、入营介绍、每日活动分组和项目分组，以及住宿、餐饮、安全、医疗救护、生活辅导等生活情境，在这个生活情境中，他们需要和不同的人打交道。可见，营地不仅是一个物理场所，还是一个小社会。在这里，孩子们需要快速和同伴组建团队，并且一起完成相应的任务和课程。从物理场所到社交场所，这个适应的过程有利于培养青少年的社会交往能力。研究表明，青少年阶段的人际关系对青少年身心发展有着至关重要的作用。营地教育中的任务通常不是靠个体就能完成的，往往需要团队的头脑风暴、集思广益、团结协作、行动一致。所以，要想出色地完成任务，就要求青少年之间相互认同、相互赞赏、相互信任，这有利于培养青少年的团队意识，引导青少年主动和他人交往、学会倾听、学会分享，等等。

大圣：孤军奋战永远比不上一群人的同心合力

我今年16岁了，我以前一直认为自己挺不错的，无论是在学习上还是在生活中，我总是认为我有高人一等的天赋。但一次又一次的好机会摆在我面前，我却因为胆怯错失。

带着这份自负，我来到了这里，第一次看到这么开放的营地，实在是难以接受。台上的人跳的舞，讲的理论知识，一开始我嗤之以鼻，最让我费解的是为什么他们可以拉下面子做这些看似没有意义的事情：跳舞、游戏在我的眼中并不能解决什么。后来，我参加了一个营地，我做了那个小组的“国王”，在每一个活动中我都冲在第一线，每一次上台的机会我都尽力去把握。在台下我也没闲着，不停呐喊、欢呼，就为了可以给小组加上几分。但结果还是挺失败的，因为尽管我愿意走上舞台、愿意给团队赚取分数，但是我忘了身为团队领袖，要看到身边的人，要接纳身边的人，要带着团队一起往前冲，而不是只有我一个人。那次营地让我找到了自己的问题。我意识到我的世界里并不只有我自己，还有朋友、同学、导师，一个人的孤军奋战永远比不上一群人的同心合力。我慢慢发现，那个总是自以为是的我，眼睛里开始有了别人，我开始懂得思考别人的感受，开始明白什么是领袖。这一切都要感谢那次的营地活动。

一个团队是由一个个个体组成，但不绝对是“一加一等于二”。在团队中，我们往往能够成长得更多。不仅是个人的成长，还有团队的成长，而团队的成长又会促进个人的成长。对于大圣来说，在营地中，他明白了身在团队中，不该只有自己一人往前冲，而是应该和团队一起，在关注自己内心的同时，还需要去关注别人的感受。

三、营地教育的意义

营地教育的实践证明，营地活动在帮助学员建立自信心、培养独立品格和领导力、提高社交能力等方面具有重要影响。营地教育强调体验式的学习，充分尊重学员的主体性，鼓励学员勇敢挑战，激发他们的潜能，让学员走出学校的围墙、走出家门，收获更多的成长。尤其对于青少年来说，营地教育中有意设计的环节，能够帮助他们更好地应对成长的压力，承受青春期的“暴风骤雨”。

开展营地教育具有以下意义：

1. 营地教育可以提高孩子们的实践能力，培养他们的团队合作能力

营地教育中会安排一些需要孩子们共同完成的任务，比如一起准备食物、一起搭建帐篷、一起完成团队展示等。这些活动不仅提高了孩子们的动手能力、生存能力，还有助于培养他们的团队合作能力和团队荣誉感。

会计也负责产品?

酷少在回顾自己的“PVP商战”课程中这样分享：在商战上，我们会分配到不同的角色，有老板、会计、销售、制造等。商战给我最大的感触就是，它不单单是一门简单的课程，而是和战场一样残酷的商场，你会经历破产、倒闭，要和共同奋斗的同伴分别，重新创建新的公司。这次商战中，我担任了会计的职务，每天都要面对各种各样的财务报表，每个小数点都不能有差错。每天晚上我们都要去想怎样才能养活自己公司的员工，去想什么样的产品可以让大众接受。失败了就再来一次，一次次失败就一次次站起来，坚持就是胜利。在第一次课程中因为时间仓促，我们的产品几乎都是半成品，导致当天晚上公司就到了倒闭的边缘。当晚我们的老板就召集部分员工连夜构思新的产品。回到房间后，室友问我为什么这么晚才回来。我说我们和老板商量产品制作问题。室友又问我：“你不是会计吗，为什么还要管产品制作的事情？”我说：“我虽然是会计，但是我的老板和团队成员相信我，所以我要负起责任做好每一件事，不负他们的信任。”功夫不负有心人，在最后一次课程中，通过我们共同的努力和坚持，对每一个产品的用心，我们团队像一匹黑马一样杀出重围，最终取得了第二的好成绩。这件事情也让我看到了团队的力量，以及责任和担当的重要性。

正如酷少所说，这样的活动已经不仅仅是课程，而是让学员能够真实地去体验生活，在其中感受到团队的力量。学员不仅能看到自己在团队中的价值，也能发现他人在团队中的重要性。这样的体验，能够帮助他们在未来的挑战中，明白如何协调自己的人际关系，如何促进自己和团队的强大。

2. 营地教育有助于提升孩子们的沟通能力

营地教育中，孩子们来自不同地区、不同城市，来自不同的家庭，他们的年龄、性别不尽相同，但是在营地这个特定环境中，他们需要快速融入团队，完成共同的任务，这对他们的沟通能力要求很高。因此，营地课程会设计专门的环节鼓励孩子们和同伴交流。在这样的环节中，孩子们需要让别人知道自己的想法，也需要说服同伴接受自己的想法，同时在某些时候还需要接受他人的观点。在这个过程中，他们在不自觉中已经融入团队，和团队伙伴建立起日渐深厚的友谊，也彼此支持着对方的成长。同时，在团队中，他们还要学会如何去关心他人，如何在一个团队中信任他人，以及如何和团队一起去帮助别人，这些能力的获得对于孩子们的成长具有积极的意义。

爱之链

射手参与了8年的营地教育，现在已经是一名营地的青年导师。他仍然难忘当年在湖南某小学支教的故事——

出发之前，我做了不少功课。我知道这些孩子都是留守儿童，可能一年都见不到一次自己的父母。我也知道他们那儿的物质条件非常艰苦，所以我为此做了许多准备。然而当我到了那里以后，一切还是超出了我的预料：这里极度缺水，我们连饮用水都难以保障，更别说洗漱上厕所了。在那七天的时间里，我们只能用湿毛巾擦身体、上旱厕。然而更加出乎预料的是这里的孩子们：他们并不是我想象中那样千篇一律地身体瘦削、皮肤黝黑、没接触过互联网。事实上，他们每一个人都有自己的性格，每一个人都有自己的爱好。他们当中有人是贝尔·格里尔斯的粉丝，还看过全部的《荒野求生》；也有人酷爱足球，每一次中国队的比赛都会去关注。

一开始给他们上课的时候，我还总是保留着他们是“留守儿童”的刻板印象，和他们说话的时候有意识地避开父母这类话题。但是当我们渐渐熟悉后，我完全撕掉了自己贴在他们身上的标签，忘记了什么“留守儿童”，忘记了他们几乎从没走出过这座大山——因为他们和我们几乎一模一样啊：他们有自己的兴趣，有自己的思想，有自己的梦想；他们也会为了学习而烦恼，偶尔也会与家人产生矛盾……他们没有因为物质上贫穷导致精神上愚昧，相反，他们都在为了成为自己想成为的样子而不停地奋斗，像每一个有理想的人一样。

对我来说，这不仅仅是一次简单的支教，更是一次刷新观点、发现自我的旅程。我也被贴过标签，我的老师也曾一度认为我根本考不上一所像样的大学。我也因为这些标签陷入过自我怀疑，也被负面的情绪掌控过。但这次支教之行让我明白了我也可以证明自己，也可以撕碎别人给我的标签。终于，我没让自己失望，2019年，我考上了自己向往的大学，朝着自己的目标又迈进了一大步！

我期盼着当我真正走上教学岗位的时候，能够把每一个学生都作为同等的“人”来培养，不带任何有色眼镜，不轻易给任何孩子贴标签，我会尽我所能去帮助每一个出现在我生命中的孩子，全力以赴地推动更多的孩子靠近梦想、实现梦想！

在支教活动中，射手不但需要和团队伙伴共同完成支教任务，还要学习如何与和自己成长环境完全不同的孩子沟通。这是一个助人又助己的过程。这样的经历甚至影响了他的职业选择：射手已经将教师作为自己的职业理想了。

3. 营地教育有助于增强孩子们的自信心

很多孩子在学校应试教育的压力下，被一次次不理想的分数所打击，错误地认为“我不行”；在家中，由于父母也对分数过分重视，又与父母爆发强烈的亲子冲突。经历学校和家庭的双重打击后，很多孩子丧失了自信心。营地教育中没有标准化的考试，课程中的问题也没有标准答案，每个孩子都可以在其中发挥自己的潜能。在营地中没有绝对的输赢，只要完成任务、超越自己就算胜利。营地教育专门设计了一些活动以提升孩子的自信心。这些在营地中获得的自信心，也会促使孩子们自信心的整体提升，这可能会是他们改变未来人生的契机。

肥机：我的蜕变

曾经的我幼稚、敏感，过于在意别人的眼光。没想到有一天我也会站在舞台上去演讲。在一次参加“国会”时，为了正视缺点，我们每个人都要坐在那把椅子上接受所有人温柔的“批评”。每个人都又期待又紧张。轮到我时我还是不敢开口，我觉得我经历过非常多的事情，比同龄的孩子要成熟得多，接受他们的批评太难堪了。但是老师并没有因此放弃我，团队伙伴也给我鼓励和支持，最终我鼓起勇气坐上椅子。在老师的引导下，我讲了很多经历，包括我藏在心底、从不曾对别人说过的，我害怕提及的，我都讲了。讲这些的时候，我看到每一位伙伴都对我投来善良、有爱的眼神，感受到了他们的关怀和爱。我可能太久没有得到过这样的温暖了。那一刻，我感到无比轻松，我发现信任别人没有那么难。我的心一下子柔软了很多，它不再像以前那样封闭，那么难以捉摸，它开始有了温度。以前我总觉得是我不需要这些，但是我错了，其实我是无比渴望的，只是曾经的我从来都不愿意承认而已。没有一朵绽放的花不想得到赞美，没有一棵成长的小树苗不想得到滋养。我要勇敢地做自己，向阳而生，努力去奔跑!

肥机的蜕变，让我们看到教育的力量，看到营地导师与伙伴的鼓励和陪伴给他带来的温暖，也看到营地给他带来的成长的勇气和信心。

4. 营地教育架起家庭教育、学校教育之间的沟通桥梁

营地教育和传统意义上的课外辅导、户外活动是有本质区别的。有些家长担心营地教育会让孩子“玩物丧志”，与学校教育会产生冲突，其实恰恰相反，营地教育与家庭教育、学校教育是相辅相成、互为补充的依存关系。营地教育活动能够培养青少年和自我、和他人共处的能力，这些能力在他们离开营地以后，仍能发挥作用，使他们更好地融入现实生活，更理智地处理现实问题，促进他们在人格、社会性及其他心理品质方面的成长。

老师，你不会烦我吧

“金库老师，你能不能和Kim多交流一下，她最近状态不太好。”Kim是一名高中生，每当她和爸爸妈妈有一些冲突的时候，Kim妈妈就愿意向金库求助。Kim妈妈知道，金库是Kim最信任的老师，Kim有什么事情都愿意向金库老师倾诉。比如，Kim谈了一段恋爱，两个人在一起没多长时间就分手了。她给金库打电话哭诉失恋的事情。金库先是和她一起骂了那个前男友一通，然后又和她一起分析：“你们两个会分开，一定是哪里不合适。这很难说是坏事，也可能是那个男生配不上你。”Kim得到安慰以后，心里好受了一些。另有一次，Kim给金库打电话时情绪很低落，快挂电话的时候，她说：“金库老师，你会不会烦我呀，每一次好像都在给你说负面的事情，好像很对不起你。”金库说：“只要你愿意倾诉，我一直都在。”

金库认为，和青春期的孩子在一起，最重要的是带给他们陪伴。要让他们知道，你不会因为某个事情指责他们，而是接纳他们；同时也要引导他们，告诉他们面对情感问题，自己要有分寸感，要学会保护自己，对自己和对方都要有责任感。当孩子感受到尊重和真诚的时候，他们就愿意和成人进行沟通了。

从本质上讲，营地教育打破了教室的边界，让孩子走出课堂，作为一种体验性、实践性的教育，弥补了学校教育的不足。同时，在家庭中，父

母过度重视分数，对孩子强力控制，会忽视和孩子之间的平等交流，导致亲子关系出现问题。营地教育可以搭建学校教育和家庭教育之间的沟通桥梁，孩子带着从营地教育中习得的能力，在学校环境和家庭环境中运用自如，收获新的成长。

四、总结

营地教育并不是简单地把课堂搬到营地，其教育目的是让青少年在体验中达成一定的教育目标，完成自我认知，收获身体和心灵的双重成长。在营地教育中，可以让孩子和大自然接触；可以让他们建立真正有意义的人际关系；可以让他们在一种对青少年友好的环境中放松自我；可以给他们玩耍的时间，给他们发泄情绪的时间和空间；最重要的是允许他们做自己喜欢做的事，让他们跟随自己的热情前进，而不是总被父母和老师命令接下来该做什么，因为青少年应该学会为自己负责。

在应试教育的压力下，不在乎孩子的分数是不现实的。然而，孩子们的生活日益处于一种极端的微观管理之下，各种新技术如大数据等对他们的生活、学习管理到了极致。在这样的高压下，孩子们的学习信心反而被打击，创造力被扼杀。越来越多的家庭选择通过校外活动来为孩子补充学校无法开设的课程与无法培养的能力。营地教育正是这类创新教育的一种。营地教育对提升青少年的自信、自尊、独立性、领导力、社交技巧、冒险精神、环境意识、自我价值感和决策能力等都具有显著效果。而这些能力，正是他们在未来作为社会人适应这个世界，作为主人翁引领世界变革、让这个世界变得更美好所必须具备的底层能力。

本章要点

1. 学校以外的各种机构和社会生活应该去弥补学校教育在促进人的终身发展方面的不足。
2. 营地教育是以团队生活为基础、以体验式学习为主要教育方式，以教育学、心理学和社会学等学科理论为实践依据，由专业师资组织开展的促进青少年发展的各类素质教育活动。这些教育活动融教育性、创造性、娱乐性于一体，鼓励、引导青少年探索自己的潜能，在团队中发展自己的领导力、沟通能力、团队合作能力、情绪管理能力等，帮助青少年建立自信心，提高他们和他人的共情能力，提升青少年和自己共处、和家人共处、和他人共处的能力。
3. 营地教育并不是简单地把课堂搬到营地，其目的是让青少年在体验中达成一定的教育目标，完成自我认知，收获身体和心灵的双重成长。

第二章

营地教育的历史和现状

创新对于个体来说，产生于这样一个过程：需要—研究—发展—商业化—扩散和采纳—结果。

——美国社会学与传播学者埃弗里特·罗杰斯（Everett M. Rogers）

密涅瓦大学是一个怎样的存在

密涅瓦大学（Minerva Schools at KGI）的独特之处在于，它完全没有校园。别的大学都是四年在一个地方，而密涅瓦大学的学生却是在全世界“打游击”，四年游走七个国家。密涅瓦大学有很多课程是线上课程，同时，也开设了多种线下体验课来丰富学生的其他需求和经历。这所学校的规模很小，每一名学生都认识彼此，熟知对方的故事。密涅瓦大学有每周的“10：01”文化之夜活动（名字由第一届学生的作业截止时间而来），活动中来自同一个国家或地区的同学，会为全校制作家乡的美食，介绍他们独特的文化。每周也有同学分享自己的故事，大家也可以向他提问。这个活动可以让学生回顾自己在入学密涅瓦之前的人生，如家庭和社区里的价值观，以及经历过的有趣的故事。如何去讲述自己的人生故事，如何去介绍家乡的文化，这些本身就是一个很难得和有意义的自省过程。在一个个真挚的分享中，同学们深入了解了彼此。

另外，每到不同的城市，学校就会根据当地的城市性格去设计学生体验活动。比如，旧金山是一座充满创业精神的城市，学校在春季学期之初设计了一个半程马拉松（长达21公里）徒步，让学生去体验“坚韧”这个品质。在每个城市，同届学生都会住在一起。共同居住的模式也能让大家更加深入了解彼此。随机的谈话和灵感的碰撞经常发生在宿舍的走廊里。比如，以色列的同学邀请我去体验他们的逾越节（Passover Seder），印度同学教我认识南亚料理中不同的香料品种，尼日利亚的同学给我讲他们国家的种族和宗教冲突。虽然每一届只有不到两百名学生，但即使到了大四，我自认为已经很了解每一个人，还常常惊奇于同学的新鲜故事。

密涅瓦大学创始人本·尼尔森（Ben Nelson）在旧金山总部和教职工交谈　来自密涅瓦大学官网

这是一个密涅瓦大学的毕业生分享自己过去四年所接受的大学教育。密涅瓦是一所怎样的学校呢？它被称为“比常青藤更好的大学”。2014年，密涅瓦大学收到2464份大学申请，仅录取29人，每个人都获得全额奖学金。这也使密涅瓦大学成为美国历史上入学竞争最激烈的大学。

密涅瓦大学在教与学方式上的创新让人眼前一亮，为世界各国学生提供了传统大学外的另一种高等教育选择。密涅瓦大学诞生后迅速崛起，标志着一种更加活泼、更加深入学员的营地教育业已诞生，是基于营地教育百余年来的历史新发展。

一、营地教育的起源与历史概述

营地活动在西方发达国家已经有一百多年的历史。美国是开展以教育为目的的营地活动最早的国家。1885年，纽约城郊举行的YCA露营活动是最早的营地教育活动。1910年，美国营地协会（ACA）由艾伦·威廉姆斯发起；1948年，ACA的营地项目获得了美国法律的认可，并被认证为美国营地从业者必须遵守的行业标准。其他国家的政府部门和学校随后也开始正式培养专业的营地教育从业人员。美国、英国和新西兰等国还专门开设了以生态体验和冒险体验为方向的户外教育本科和硕士专业。

二战期间，营地教育遭到战争的冲击，基本陷入停滞状态。二战结束后，营地教育恢复发展，许多国家的青少年教育团体创新性地开展了诸多提升青少年素质的营地活动。以苏联和日本为代表的国家意识到营地教育对青少年品格培养的重要性，一大批国家级的营地教育机构（以协会和联盟为主）相继成立，承担着青少年营地教育的组织管理和研究开发等工作。作为全球营地最多的国家，苏联更是将营地教育与学校教育融为一体，形成了独特的营地教育课程体系，纳入学生的综合素质评定体系中。二战后，日本也非常重视青少年的素质发展，率先开展以修学旅行为主要形式的营地教育。20世纪末，日本从欧美引入了西方式的营地教育。

尤其值得关注的是，20世纪80年代末至90年代初期，营地教育组织者开始注重开设特定群体的营地教育活动，如女子、灾害救助和残疾青少年露营，这是主题式营地教育兴起的标志。1987年，国际营地协会（ICF）正式成立，每隔两年举办一次专业性的交流会议。目前，营地教育已经成为世界各国重要的教育交流领域。

发达国家的营地教育体系已经相当完善，有专门针对疾病疗养、生活习惯改善、各种特色运动、各种特色艺术的课程体系。针对营地管理，政府、协会和学校都建立了完备的营地管理规章制度并严格执行，以确保营地教育的科学性与安全性。为有目的地开展营地教育活动，营地与当地学校建立了密切的互动合作关系，共同设立教育目标，由学校教师与营地专业人员合作设计营地活动课程，相互协作执行，以满足特定的教育需求。

从数量上而言，据不完全统计，目前俄罗斯有5.5万个营地，每年为600万青少年提供服务；美国大约有1.2万个营地，每年为1000万青少年提供营会和营队活动；澳大利亚有900个营地，每年为300万青少年提供服务。这些营地大部分是政府出资兴建，少部分为公司和社会组织自行建设。

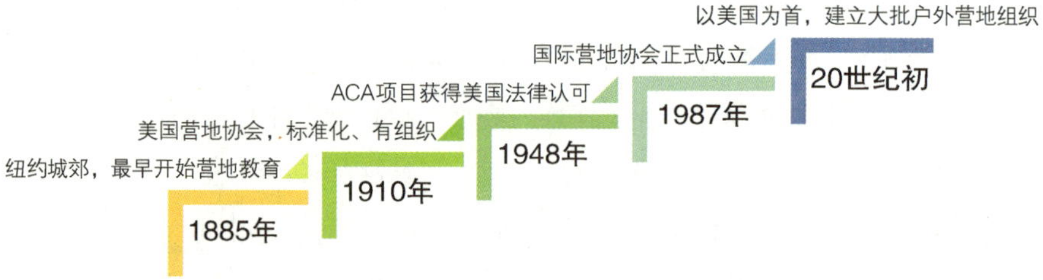

营地教育的发展历程

二、国外营地教育的类型发展

各国的营地教育者们不断思考和探索新的营地教育理念和方法技术，开发与时代相适应的教育内容。依托原始的自然条件创设各种与生活、生存息息相关的环境，在安全的前提下，发挥青少年的自我潜能，挑战自我，实现体验、觉察、反思和超越自我的教育目的。

早期的营地教育主要以培养青少年野外生活技能为目的，利用大自然等户外资源，采用野外徒步、划船、丛林远足、登山、游泳等运动为主要活动形式。随着参加营地活动的青少年日益增多，安全组织标准要求越来越高，营地凸显很强的集体组织性，营地教育者将团队合作及融入集体的意识作为营地的主要目的，产生了“营队”。

20世纪中叶，营地教育者们开始尝试将探索冒险、心理挑战的团队体验活动作为营地教育的首要内容，如先锋工程、绳索课程等。冒险教育（Adventure Education）的实质是让青少年在自然生态环境中亲自经历和参与多种挑战、合作、问题解决类的活动，通过体验获得直接经验，并与自我已有经验相互解构，再重新建构形成新的经验，改变和提升自我认知。英国国际户外学校率先形成了以探索为主要目的的冒险教育训练模式。之后，以美国、苏联为代表的许多国家也将冒险教育融入本国的营地教育计划中，形成自己独特的课程体系。

20世纪60年代后期，随着全球气候变暖问题日益凸显，环境的破坏和污染影响了人们的生活，营地教育担当起环保的重担，这时的营地教育主要由户外探索教育和户外生态教育组成。此时的营地教育从自然保护的视角出发，培养青少年对自然的态度、价值观。理解人与自然的关系，逐渐成为美国户外营地教育的主导思想。

20世纪70年代至今，科学技术尤其是互联网技术的快速发展极为迅速地改变了人们的生活。科技进步为人们带来了便利，原有的社会价值观遭遇多重挑战。在这样的背景下，人与人、人与社会、人与自然，以及人与自己的关系矛盾凸显。如何解决这些矛盾，成为营地教育的一大新兴主题。

三、我国营地教育的发展现状

我国的营地教育起步相对较晚。中华人民共和国成立后，我国青少年营地教育的雏形开始慢慢孕育，其早期形态主要是青少年夏令营活动。1954年，团中央在山东青岛举办了中国国际少年儿童夏令营，这是新中国成立以来最早的夏令营。此后，少年宫、教育实践基地、爱国主义教育基地等也在各地纷纷建立。

随着经济水平的提升，营地教育逐渐受到社会各界的重视。2004年，在国家体育总局的积极倡导和资助下，第一个国家级青少年户外体育活动营地成立，目前已发展了150多个，至此，户外体育活动营地教育已经成为学校教育的有效延伸和补充，取得了迅猛发展。这标志着国内政策支持引导下的户外营地教育已经基本成形，为后期研学旅行、中小学教育基地建设以及国家体育总局明确的营地建设规范提供了良好的政策保障和发展基础，青少年营地真正步入了全新的发展轨道。

目前，中国拥有各类营地1500个左右，每年参与营地教育的学生人数约20万，与国内青少年人口基数相比，参与度还处于非常低的阶段，远低于国际平均水平。换言之，我国的营地教育仍有较大的发展空间。未来在行业管理标准提升、行业人才培养标准化系统化、课程内容升级、营地合作模式创新等方面，我国的营地教育还有许多值得探索的方向。

第一届中国营地教育大会2015年在北京召开

中国营地教育正迅速崛起，营地教育从业者应该致力于探索新的营地教育之路。如何让我们的营地展现文化特色、在世界营地版图彰显力量，是中国营地教育界面对的重要议题。2015年，第一届中国营地教育大会在北京举行。大会以“了解中国，了解世界”为主题，来自美国、俄罗斯、加拿大、澳大利亚、英国等几十个国家的教育专家、校长和从业者分享了营地教育的实践及研究成果。在这次会议中，全国政协常委、北京四中校长刘长铭的发言强调，反思当前中国的教育，我们过多地关注了间接知识的学习，而忽视了学习过程中的直接体验。

随着营地教育的发展规模不断壮大，国家相关部门对青少年营地教育的重视程度越来越高。2016年，教育部、团中央等11部委发布《关于推进中小学研学旅行的意见》，将研学旅行纳入中小学教育教学计划，对研学旅行基地建设和组织管理提出了指导性意见。2017年，第一批全国中小学生研学实践教育营地公布，石家庄市青少年社会综合实践学校等14家机构在列。2018年，国家体育总局办公厅印发《全国青少年户外体育活动营地建设规范及器材目录》，明确提出营地建设规范标准，并提供了参考器材清单。我国青少年营地教育的发展在不断向规范化、科学化、精细化方向迈进。

四、总结

从营地教育的发展历史来看，一些国家的营地教育经过多年实践，已经有了较为成熟的行业体系、规范，营地教育在部分国家已经作为青少年教育的重要环节纳入到正统教育体系中。中国的营地教育起步较晚，但是随着经济社会的发展，青少年的全面发展被教育界重视，营地教育受到政府和社会各界越来越多的关注，教育部门也制定了和营地教育相关的促进政策。随着多样化的教育需求的兴起，营地教育在未来必会更为广泛地被大众认可和接受。

本章要点

1. 美国是开展以教育为目的的营地活动最早的国家。1885年在纽约城郊举行的YCA露营活动，被认为是最早的营地教育活动。
2. 20世纪70年代至今，科技进步为人们带来了便利，原有的社会价值观遭遇多重挑战。在这样的背景下，人与人、人与社会、人与自然，以及人与自己的关系矛盾凸显。如何解决这些矛盾，成为营地教育的一大新兴主题。
3. 中国营地教育正迅速崛起，国家相关部门的重视程度越来越高；但仍需从业者探索新的营地教育之路。

第三章

营地教育的发展和未来趋势

也许，我们需要一种更具有“未来智慧”的教育视角，在复杂而多变的世界努力培养人的好奇心、启发人的智慧、增进人的自主性和责任感，引导学生积极地、广泛地、有远见地追寻有意义的学习。

——美国教育心理学家、哈佛大学教授戴维·珀金斯（David Perkins）

门就在那里，你愿意开吗？

一名叫黑子的营地老师向同事与家长推荐学员写的一本内部读物《你好，青春》，在推荐语中，黑子老师这样写道——

孩子们每周的分享会我都会认真听，听过后我就发现了一件事：我们真是太小看孩子们了。大人总是会用大人的视角去看孩子们的世界，有时甚至是审视。即使是从事青春期教育、懂得一堆大道理的我们，有时候也逃不过。但开心的是，每周的分享会让我从一个更合理的视角看到孩子们的世界、孩子们的思维、孩子们遇到问题的处理方式。

每一个来到我们身边的孩子，都有一套属于他自己的人生观、价值观。当我们感觉孩子的价值观跟自己严重不匹配时，就会感到不舒服，想要扳“正”，于是唠唠叨叨的教诲就开始了。可是现在孩子有几个是好惹的？他们每个人身上都带着浓浓的个性，有时候也会给自己贴上象征着个性的标签，502粘的，你撕都撕不下来。所以战斗就开始了，火药味就浓烈了。但是，当我们真正地站在孩子们的立场上去观望，就会发现，孩子们的世界很美，他们的心底很柔软，有一道彩虹，也有我们想要的那道曙光。只是这条通往曙光的路途与你想的不一样，或许蜿蜒曲折，或许充满荆棘，但是曙光一直都在，路途难走一点，有什么呢？

我想把孩子们每次分享的语音整理成文字记录下来。我很希望，看到这本书的你，能够收回自己身上大人的光芒，悄悄地走近孩子们的世界。

不要说孩子们的心门关上了——

门，就在那里……

你愿意打开它吗？

在这段文字中，我们可以看到黑子老师对孩子的尊重和理解，这样的尊重和理解应该是教育的底色，也是营地教育中所有活动正常开展的基础。在当代教育中，未来教育的趋势一定是发挥青少年儿童的主动性和积极性，鼓励他们对于未知世界大胆进行探索，多方面发展自己的能力。营地教育的发展其实是在顺应教育的这一发展趋势。然而在当下的实践中，营地教育正面临着一系列问题。如何处理好这些问题，是营地教育发展的关键。

一、营地教育发展面临的问题

目前，我国的家长对营地教育有着种种担心和质疑，比如担心孩子安全得不到保障；认为营地没有教育效果，孩子参加营地活动后没有变化；营地时间太长，耽误孩子学习；不与高考挂钩；不愿长时间离开孩子；等等。这些担心一部分和当代中国家长“唯分是从”的教育理念有关。好在年轻一代的家长对教育的关注范围在扩大，对下一代的教育理念更为开放，也更加注重孩子的个性发展，以及创新能力与综合素质的提升。随着新一轮消费升级的浪潮，家长对于孩子接受体验式教育产品的需求也越来越强烈。家长担心的另一部分原因，则是目前国内的营地教育发展不够成熟。相比国外100多年的发展历史，我国青少年营地教育其实还处于起步阶段。而专业的师资人才、成熟的课程体系、合适的营地等关键要素的不足，大大限制了营地教育的发展。

1. 师资力量薄弱，专业性有待提升

营地导师除了需要遵守最基本的职业伦理，还需要具备营地活动中的硬技能，比如教育学、心理学等学科的基础知识，相应的授课技巧，面对孩子有效沟通的能力，积极反思能力等。具备这些能力的导师，才能让孩子在营地教育中有更多的收获，得到更多的成长。目前，高校的专业设置中并没有专门的营地教育专业，该行业所需的人才只能通过行业内的机构自主培养，能够直接胜任营地教育工作的全能型人才极为稀缺。针对这一现状，部分营地教育机构通过设置多种岗位来弥补全能型营地教育人才的不足。比如，在营地课程中设置专门的安全教师、心理教师等，以给学员提供安全保障和心理支持。总体来说，营地教育行业还需要加强人才培养，整体提升营地导师的专业力量。

2. 课程形式单一，科学性严重缺乏

营地教育的课程设计需要投入很大的精力，尤其在营地教育导师师资不足的情况下，很多营地教育机构并没有专业的营地教育课程设计专家和团队，在课程设计上的资金投入、人力投入较少，导致课程的形式单一、内容单一，教育性不足。同时，部分营地教育机构为了缩短营地教育课程研发所需要的长周期及减少较多资金的投入，导致一些课程的同质化严重。另有一些营地课程看似丰富，底层却缺乏教育学、心理学等学科的理论支持，导致其并不适合青少年，也起不到相应的教育效果。甚至有一些课程的导向与现代社会价值观严重不符，存在很严重的伦理问题。

“女德班”为何重出江湖

“我不要脸，还给我的父母丢脸，更给我的祖宗蒙羞。”讲台上，一个女孩如是说，她说话的声音里带着哭腔，她自我检讨的“劣迹”，不仅包括抽烟、喝酒、打架等情形，还包括“逛夜店”和“处对象”。这是一家视频网站上的一段画面。画面信息显示，现场拍摄于一个名为“2020阳光少年国学夏令营”的活动。这名女生，不断抛出“如果没有学习传统文化现在指定得胃癌”“戴美瞳的女生不正经”等言论。

这个夏令营地点在山东曲阜。视频曝光以后，曲阜市委宣传部通报称，2020阳光少年国学夏令营“存在教学视频内容低俗、违反科学、歪曲事实，对营员身心健康产生不良影响；所使用教材为自行编写，无出版社和书号，涉嫌使用非法出版物；防疫措施落实不到位等问题”。

这并不是这类“女德班”第一次走进公众视野。早在2017年12月3日，抚顺市教育局认定，该市一家“女德班”的教学内容中，存在着有悖社会道德风尚的问题。2018年12月，有媒体报道称，浙江温州再次出现“女德班”，该班面向5—18岁儿童青少年，宣讲“孝道”“女德”等内容，包括“男为大，女为小”“婚姻四项基本原则：打不还手、骂不还口、逆来顺受、坚决不离婚”等离谱观点。

从宣扬“女孩最好的嫁妆是贞操”到妄称“女子点外卖不刷碗就是不守妇道”，再到“戴‘美瞳’的女生不正经”……不得不说，这类“女德班”虽然宣扬的内容在变，但那股腥臭味从没变过。这样的女德规训，恨不得用封建思想给现代女性都裹上一层“裹脚布”。

非但如此，劣迹斑斑的“女德班”还到处流窜，举办实为“女德班”的所谓“少年夏令营”，把魔爪伸向心智尚未成熟的孩子，继续传播反科学的谬论。说其为祸更烈也不为过。为所谓女德“招魂”，本质上是借“传统文化”之名对女性权利进行碾压，既是把家长当韭菜割，也是给孩子“喂食”有毒、反科学的糟粕，将孩子的三观带偏带歪。

——内容摘编自《新京报》

营地教育的课程研发应该成一定体系，有明确的教育目标，符合青少年身心发展的规律。我们认为，营地课程研发应该在教育学、心理学、社会学的理论支持下，利用情景体验、教育戏剧等方式，在青春期教育理论的框架下，尊重每个孩子的个性。营地课程在教育孩子的同时，也要帮助家长建立正确的教育观，引导家长真正地进入孩子的世界、激发孩子内在动力，最终达成家长和孩子共同成长的目的。

3. 教育功能弱化，对学员长期发展缺乏关注

营地教育中每一个环节设计应该都有教育意义，教育属性应该融入营地活动的每一个细节。营地教育不仅要让孩子们体验到玩的乐趣，还应该实现其教育目的。营地教育应该通过营地这种集体活动的形式让孩子更好地认识真实的世界，学习到如何与他人进行沟通、合作和相处，锻炼孩子解决问题和处理人际关系的能力。但是目前很多营地教育机构的课程都是“一锤子买卖”，缺乏学员和导师之间、学员和学员之间、导师和家长之间的深度链接，营地教育的功效没有全面体现出来。这样的教育效果一定不好，学员对课程的黏度也低。理想的营地教育方案应该足以吸引很多从小学到大学一直在参加营地课程的老学员，即使营地的课程已经更新迭代了好几轮，这些学员仍然愿意跟着参加。因为学员和导师的链接，以及营地课程对学生成长的助力，已经让学员和营地课程、营地导师分不开了。

“单亲的孩子不被父母看到的”

有一个孩子的出现，改变了金库老师的职业生涯。金库说：在那之前，我并不确定自己的职业方向，但是，我从他的身上看到积极教育的影响。

小白是一个特别优秀的孩子，无论在哪个营地中，都是最受欢迎的。他既会唱歌又能跳舞，而且都非常出色。每次在营地中被其他小伙伴追捧的时候，老师们就打趣他：“你这么厉害，你家里人知道吗？”他总是淡淡地笑笑。直到后来，金库老师才了解这个孩子心底的伤。

有一天晚上的营地课程结束后已近12点，小白找到了金库老师，对他讲起自己的生活。初三时，小白的爸爸妈妈开始闹离婚。因为这件事情，小白整个初三的生活变得一团糟。在那个难过的阶段，营地的小丽老师一直陪伴着他，给他鼓励。初中毕业，他考上了本市最好的高中。进入高中以后，由于他性格比较张扬，受到很多同学的欢迎。但是，在学校老师眼里，他虽然学业成绩优异，但并不是一个标准好学生的模样。部分老师开始有意识地针对他，在班级中他也开始遭受排挤。金库老师知道他的经历以后，引导他如何调整自己的心理状态，如何在学校里面和老师同学进行有效沟通。

小白的内心很强大，学习成绩并没有因为被学校老师的不公平对待而变差。他喜欢跳舞，即使在高中那么紧张的学习压力中，每周仍要挤出3小时进行练习。他的手机里面没有QQ，没有微信，没有游戏。他的目标很明确，就是希望上大学后能够有机会成立一家舞蹈工作室。小白后来顺利考上了理想的大学，在学好本专业的同时，他终于能够去做更多自己喜欢的事情了。而在营地中结识的老师和小伙伴，已经成为他一生的朋友。

小白的分享，让金库老师看到了教育的力量，也让他更深地体会到教育的意义，那就是去唤醒、去激励。这一切，让人生的厚度变得不一样。这也坚定了金库老师从事青春期教育营地导师这一职业的信心。好的教育是一种长期的陪伴，这样的陪伴能够帮助受教育者“飞”得更快、更高。

二、营地教育的未来发展趋势

营地教育目前的发展很快，随着各方面机制的完善，未来营地教育还有很多的可能性。艾瑞公司发布的《2019泛游学与营地教育白皮书》显示，2018年，中国全国范围内约有3016万人次参加国内研学和营地教育，105万人次参加国际游学，较2017年增长了20%以上。随着用户规模的扩大，未来5—10年该市场仍将保持高速增长。白皮书指出，中国泛游学与营地教育行业正进入成熟期，其显著特征包括：营地教育在全国范围内得到进一步推广，成为教育常态；同时，行业标准进一步完善，产品服务专业、有社会责任感的行业领头羊即将脱颖而出。从目前来看，我国营地教育要想继续蓬勃发展，需要做到以下几点。

1. 政府应加强监管，学习优秀的营地管理经验

参考借鉴国外优秀的营地教育经验有利于中国营地教育各方面的发展。要用发展的眼光看问题，学习借鉴国外先进的理念与方式，结合我国实际，将学生年龄、需求、营地特色与文化、安全保障等结合起来，打造具有中国特色、地方特色的营地教育，使之成为推动我国全面素质教育的新动力。

比如在政府支持方面，从营地教育较发达的国家和地区来看，营地教育普遍受到了政府政策推动、财政扶持及监督管理。在运营方面，美国夏令营一般会有一个固定的场所，并且配备十分完善的活动设施，同时还配备顶级的医疗设施及多名不同领域的老师和安全教练，是一个十分规范的运营模式。

在监管方面，ACA是美国夏令营机构的监管机构。要想举办夏令营必须得到ACA的认证，否则便是违法营运。每两年，ACA还会对各夏令营进行一次严格的考核，包括课程内容、安全规范、工作人员的专业资格等方面，只要有一方面不合格，该夏令营便无法得到ACA的认证，也就无法继续营运。

在医疗方面，由于营地教育活动中学员行为以运动居多，损伤难免会发生，比如崴脚或擦破皮等，此时应由专业的医护人员进行紧急处理，并及时告知家长。通常，大的营地会配有1—2名医生。值得注意的是，在美国，如果没有授权，任何医疗机构都没有权力擅自开药。为了解决这个问题，孩子在出发前，营地方会与家长签署一份授权书，医生只有看到家长的授权，才会给伤患学员开药。中国的营地管理也要注意这个问题：若学员发生意外情况，要及时给予医疗帮助并联系家长告知相关情况，但不能随意使用处方药。

2. 以青少年发展为中心，与时俱进建设营地

营地教育虽然最近几年在国内的发展很快，出现了不同主题、不同特色的营地教育，但是随着行业的快速发展，营地教育出现了鱼龙混杂的情况，问题逐渐凸显。不管行业如何发展，必须要记住营地教育的教育属性。

未来随着营地教育的发展，营地建设也是其中特别需要关注的部分。必须设计出符合青少年身心规律的营地；在营地的建设中，必须贯彻创新、协调、绿色、开放、共享的发展理念。

3. 打造高品质营地教育课程师资和课程

优质的营地教育要建立健全人才培养及配置体系，引进具有教育学、心理学、户外训练等专业背景的高素质人才，建立健全培训师资队伍，依托队伍开创和打造管理团队、课程体系和服务体系，不断创新、研究并正确把握青少年群体的发展规律，满足青少年发展需求。

（1）培育师资力量

营地教育目前并没有对应的专业可以培养所需人才，加之其对人才跨学科能力的要求，导致能够直接满足营地教育要求的人才储备不足。因为营地活动具备很强的教育属性，尤其针对青春期的营地教育，特别需要营地导师具备教育学、心理学、社会学等学科知识。目前，营地导师的培养大多还是通过教育机构的内部培训完成，这就需要教育机构秉承为自己、为学员高度负责的态度对新导师进行长期的公司内部培训，考核通过，才能胜任营地工作。除了对营地导师进行职业伦理培训，还需要营地导师“一专多能”，即除了具备胜任某一类课程的营地工作所需的专业能力外，还应具备积极正向的教育理念、沟通共情的能力、户外素养（包括体能，对艺术、自然、人文景观的感悟能力等）、对营地场域的感知能力（包括应变能力、情绪转换能力、营造积极氛围的能力等）、积极反思能力、创新整合能力等各方面的知识能力，全方位为营地青少年提供教育

服务。

此外，营地教育还需拥有专业的管理团队，应尽量储备具有教育学、心理学等相关专业背景的人才，因为他们更理解家长和学校所需，能准确地解释营地教育对青少年成长的帮助。尤其是现时营地教育还处在普及阶段，更需要通过专业人士与家长和学校进行沟通。

（2）开发精品课程

精品课程是营地教育的核心竞争力。应结合营地的地域优势、人文风情、自然资源，把历史、文化、自然、体育、科技实现点线面覆盖，开发既符合学生需求，又能真正培养学生综合素质的营地课程。一门出色的营地课程应该充分发挥课堂综合要素如导师、学员、内容、载体、互联网等作用，把过去相对封闭的教学过程彻底开放，吸取社会营养，促进学员与同辈学员链接互动、与导师链接互动、与大自然及人文景观的链接、与成长需求的链接，使学员通过参与课程获得团队协作、沟通、决策、问题解决等能力。我们认为，营地课程采用“情景体验式”教学法，应以“真善美”为内核，融合音乐、舞蹈、仪式、自然熏陶、社会实践等教育形式，激发孩子的学习兴趣，引导孩子性格健康发展，培养他们面向未来的能力。例如，亲子同修的课程可以帮助众多父母走出青春期教育的困惑，树立全新父母观；帮助孩子们重拾动力，找到目标。游学课程可以带孩子们走进真实的大自然、拥抱山水，阅读世界之美，扩大眼界、拓展格局，树立远大的人生志向，在旅行中参加体能磨炼、意志力训练等实践活动，在严苛环境中锤炼自己的体魄和意志力。演讲课程可以给孩子们提供即兴发挥的舞台，让他们敢发声，敢突破，帮助孩子们克服自卑倾向，培养领导能力和胆识，让每个孩子都敢于践行梦想，拥抱更卓越的自己。青春期是人生中非常重要的一个时期，是孩子们全面认识世界，建立人生观、价值观、世界观的重要时期，他们作为独立个体的意识每天都在增强，青春期分化完全的人，将成长为一个具有自我意识和自我意志的成熟的独立个体，为后期人生的思维模式、情感模式和行为模式奠定基础。

亲子同修课程“天生骄傲”的营地导师和家长志愿者

（3）完善会员体系

营地导师的职责已经从在营地中提供服务，转变为一种全景式的成长式陪伴（详见第三篇）。因此，营地要建立会员体系，做好会员管理系统，关注学员在营地前、营地中、营地后的成长，为学员制作成长档案，从发展的视角看待学员的成长。会员体系的完善也有助于及时关注学员的需求变化，进一步优化课程。

三、总结

随着时代的发展，拓展训练基地、综合实践基地、青少年营地和户外教育营地等体验式教育基地陆续在各地涌现，学校和家长有了更多的选择。营地教育蓬勃发展的背后也暗藏各种各样的问题。师资力量薄弱、课程设计不科学甚至价值观扭曲、缺乏对学员的长期关注等问题尤为严重。因此，对营地教育机构及其从业者来说，提升营地教育的品质，研发出更多能够满足青少年需求的营地课程，是促使营地教育未来健康、稳定、迅速发展的良好基础。

本章要点

1. 营地课程研发应该在教育学、心理学、社会学的理论支持下，利用情景体验、教育戏剧等方式进行；在青春期教育理论的框架下，以尊重每个孩子的个性发展为前提。同时，也要帮助家长建立正确的教育观，引导家长真正地进入孩子的世界，最终达成家长和孩子共同成长的目的。
2. 要学习借鉴国外的先进理念与方式，结合我国实际，将学生年龄、需求、营地特色与文化、安全保障等结合起来，打造具有中国特色、地方特色的营地教育，使之成为推动我国全面素质教育的新动力。

第二篇 Passage Two

发现积极青少年

第一章

青出于蓝——青少年的乐观与希望

乐观是希望的明灯，它指引着你从危险峡谷中步向坦途，使你得到新的生命、新的希望，支持着你的理想永不泯灭。

——进化论奠基者查尔斯·达尔文（Charles Darwin）

一、乐观与希望的概念

令人心惊的一项调研结果

2019年，心理学工作者在某省进行的一项初高中学生的抑郁现状调查结果令人心惊：在接受调查的825名学生中，检测出有抑郁症状的比例高达48.7%。

“我觉得自己没什么用……”

“我不知道要向谁求助，没有人能够帮助我……”

“随便吧，反正我就是这样的……”

“我就是觉得我不行，我爸妈也说我不行，老师也说我不行，我自己也觉得自己没什么希望了……”

从这个调研中可以看出目前有一些青少年处在一种“三无”的心理状态：认为自己无用，遇到困难觉得无助，认为自己没有出路与希望、前途渺茫。在青少年群体中有这样一种现象：他们只要呈现出悲观的状态，就能立刻得到同伴的认同和回应，而乐观的态度则成为被同伴边缘化的理由。然而，根据美国积极心理学家施耐德（C. R. Snyder）的研究，希望是一种朝向目标的思想，一种基于内在的成功感的动机状态。一个高希望的青少年能够独立确立目标，拥有实现目标的强烈的内在动力，并且比低希望的青少年更容易找到实现目标的途径和方法。乐观是指个体对未来事物的发展抱有积极的预期，期望好结果降临在自己的身上。乐观的人对事物发生原因持有积极的解释方式。

美国组织行为学家弗雷德·鲁森斯（Fred Luthans）将希望与乐观列为心理资本的要素（自信、希望、乐观、韧性）。他认为希望与乐观是一个人心理资本的重要组成部分，并且希望与乐观的解释风格是可以学习的。希望与乐观的青少年会更容易将生活中的挫折和压力看作是暂时的，他们更倾向于寻找改变的方向，制定符合自身能力的目标，让自己保持良好的情绪状态。因此，培养青少年的希望与乐观能够帮助他们应对生活中的应激事件（如压力、挫折等），帮助他们缓解情绪。同时也为他们的人格发展与心理健康奠定坚实的心理基础，让他们在生活中拥有更现实且灵活的人生态度。

二、青少年乐观解释风格的培养

1. 乐观的解释风格

习惯性放弃的孩子

小A是一个高一的男生，他将“世上无难事，只要肯放弃”当作自己的座右铭。每当他遇到困难的时候，第一时间就会想要放弃。刚入学时他的成绩很差，随后索性连试卷都不交了。父母拿他没办法，老师更是一脸的惋惜。他谈起学习就是一副特别无所谓的模样，让人不禁为他的学业和未来产生忧虑。

直到有一天他跟同学说："我不会一道题和不会十道题没有区别，所以就算是会的题我也不愿意写，干脆交白卷。"

原来，小A在学习路上经历了很多困难。他上学比别的孩子早一年，很多知识学不会也跟不上，这让小A心里很是自卑，总觉得自己很笨。而且，爸爸妈妈从不鼓励帮助他。慢慢地，小A即使遇到不懂的问题也不敢问老师，他对学习的信心越来越少，最后干脆放弃了。

小A在学习这件事情上一直都没有获得过成就感，不断经历"学不会"的感觉让他最终放弃学习。这种经过不断失败而形成的不再愿意努力的状态称为习得性无助（learned helplessness）。积极心理学之父马丁·塞利格曼（Martin Seligman）将习得性无助定义为通过学习形成的一种对现实无望和无可奈何的行为与心理状态。塞利格曼同时认为，既然无助与悲观可以习得，那么乐观也可以习得。如何习得乐观，关键在于一个人面临事件的时候，是否拥有乐观合理的归因，即乐观解释风格。

乐观的人对于已经发生的事件进行解释的时候，倾向于对积极事件做普遍、持久和个人的归因，对消极事件做特殊、暂时和外在的归因。而悲观的人则完全相反。例如，乐观的解释风格会将考试考得成绩很好解释为："我是很棒的（普遍的），我一直都是一个优秀的学生（持久的），这个好成绩是我努力的结果（个人）。"相反，如果这个孩子认为："这次考试成绩这么好只是这次而已（暂时的），自己只不过是碰大运（特殊的），刚好考的题目自己都会，算不了什么（外在）。"这就是一种悲观的解释风格。

解释风格分为三个维度：永久性（permanence）、普遍性（pervasiveness）和人格化（personalization）。永久性维度决定一个人会放弃多久。对厄运做永久性维度高的解释会使人产生长期的无助感，而对同件事情做暂时性解释的人很快就能恢复良好的情绪状态。普遍性维度高的解释风格会在许多不同的情境中造成无助感，而特定性的解释风格只会在某些问题领域内造成无助感。人格化指的是倾向于将事件内在归因还是外在归因，对好事内在归因、坏事外在归因是乐观的，反之则会产生悲观情绪。

乐观的人会设想，无论现在的情况怎么样，这个世界都是充满机会的。他们遇到困难和失败的时候，更愿意将这种失败看成是暂时的，也更愿意把所有的力量投注到扭转失败和解决困难的方向上去。乐观的解释风格所带来的心理力量能够驱动一个人在面对困难的时候将更多的精力放在自己能做的事情上。

下面一个案例是一个营地中两个孩子的一段对话。

小艺：小琬，你听到老师刚才说的了吗？咱们“国家”要竞选国王（小组的领袖）了，晚上就要开始竞选演讲了。

小琬：听到了，但是跟我没啥关系。

小艺：我挺想去选的，如果能当上国王，那多牛啊，我觉得我们都应该上去试试，你觉得呢？

小琬：什么我觉得？

小艺：你觉得我们有可能竞选上吗？

小琬：完全没可能。你看咱们小组的这些人，他们上台演讲都那么厉害，咱俩肯定不行。

小艺：可是，我们总是有机会的，不是吗？

小琬：不可能的，即使我们演讲得比以前好，可是其他人也在练啊，我们还是比不过的。再说了，我以前参加过好几次演讲比赛，每次都进不了决赛，就更别说竞选国王了。

小艺：选不上就选不上呗，我可以把这次机会当作一个锻炼的机会，我现在就去写我的竞选词。

小琬：你就别费工夫了，浪费时间而已。咱们才第一次来营地，你没看咱们组有好几个人都是营地达人了？放弃吧。

小艺：你说的也对，也许等下次来营地的时候，竞选的获胜概率要大一些。不过这次我还是想去试试，就当练习了。

小琬：那随你便吧，反正我绝对不去竞选。

小艺：……

忧愁的小琬和充满希望的小艺呈现出完全不同的两种状态，这是因为他们在内心里对于竞选这件事的解释风格完全不同。小琬认为竞选成功是绝对不可能实现的，这种悲观是长久的、普遍的、指向自己的。而小艺认为总是有希望的，无论小琬提出多少反驳意见，他都认为可以通过自己的努力去达到，即使竞选不成功也是暂时的，是可以改变的，同时对自己的未来是有帮助的。可以想象，在接下来的时间里，小艺会去练习演讲，就算竞选不上国王，他也会认为自己一直在成长，不会被一次失败打败。

青少年们处于一种对世界和自我探索的阶段，他们会通过很多种方式想办法搞清楚自己是什么样的人，拥有什么样的能力。因此，培养青少年的乐观解释风格十分重要，这有助于他们保持乐观的状态，进而不断地开发自己的内在潜能，更好地在未来面对更多的困难与挑战。

2. 乐观解释风格的培养

（1）通过体验，学会正确地思考实际问题

对青少年而言，一味地说教，重复乐观的解释风格和成人认为正确的归因收效甚微，并不能轻易地改变他们。他们更愿意通过体验不同的事件，经历多种多样的人生，自己去发现、思考、总结相关问题，并从中找到答案。例如青少年听父母说自己年轻时候的事情，会很排斥：他们不愿意听父母的“丰功伟绩”，更愿意自己去做一些事情向父母证明“自己也很棒”。

由于青少年接触的世界相比成年人而言更单一，许多青少年很喜欢把一些事情灾难化，他们总是很容易看到最坏的结果，得出最糟糕的归因。他们在幻想层面不断地重复这种可怕的想法，无法正确、客观地思考实际问题。他们更乐意把自己脑海中那些悲观的、可怕的、消极的想法当作现实。因此，我们需要给青少年们提供更多体验的机会，让他们看到真实的自己到底是怎样的。

在营地里，每个学员都会经历各种挑战。他们有特别害怕的时刻，也有特别快乐的时刻；有特别糟糕的体验，也有非常有成就感的体验。在这些体验当中，他们会逐渐整合自己复杂的感受，形成对事物的新看法，并把这些新经验反射到自己的现实世界当中，发现真正符合环境、符合自身的处理事情的方式方法。

被父母“绑架”到营地的杰西

杰西是一名初二的男生，平时在家只喜欢玩手机打游戏。到了暑假，妈妈提议让杰西去营地，杰西非常不乐意。在他的想法中，妈妈只是想把他送到营地去“改造”，他不愿意这样“被改造”，认为还是玩游戏最舒服。可是妈妈却不由分说地将杰西送去了营地。

去营地的路上，他的情绪非常低落，一直在抱怨。感觉自己即将浪费7天的时间不说，还不知道在营地里会被老师怎么折磨。想起以前去补习班的痛苦经历，他难受极了，用他的话说就是：“整个世界都不好了。”

当营地课程开始之后，杰西被这里快乐的氛围感染了。他发现一切都和想象中的不一样。这里并没有什么可怕的、折磨人的场景，自己反而挺开心的。于是，他逐渐投入到课程当中。

杰西在营地中分享

在营地快结束的时候，杰西分享道："其实这个营地我一开始是不想来的，我心想，这七天在家打打游戏多好。但是来到这里之后，我感觉真的很不错。我收获了很多。每天我不仅在理论课上能够轻松地学到很多东西，就连游戏项目都会让我有很多感受。在这里，我在学到很多知识、明白了很多道理的同时，每天还可以在欢声笑语中有意想不到的收获。我很感谢这里，感谢它让我成长了许多。"

在杰西以前的生活中，可能最能让他感受到快乐的就是手机游戏，他并没有那么多其他的机会去感受生活中更多的美好和快乐。可当他发现现实和想象中不一样的时候，那些预想中的无聊、糟糕甚至痛苦的事情并没有来到的时候，他内心里对生活的好奇心就会被激发，他会变得敢于尝试，更加勇敢，更加投入。这种体验会让青少年对现实拥有更为全面的认知，从而形成全新的解释风格和不一样的生活态度。

（2）打破人格化归因的枷锁

每当事情不太顺利的时候，青少年就倾向于用"非黑即白"的思维去思考问题：一部分青少年觉得都是自己的错，另一部分会觉得都是别人的错，和自己无关。青少年时常觉得一件事情只有绝对的对与错，或者绝对的黑与白。他们将问题简单化，他们会觉得："我就是这样的！我改变不了！我长这么大，我的个性就是这样！"

行为是短暂的，而个性是长久的。行动是可以改变的，个性则更加稳定。青少年如果无法将问题归因为自己的行动，而是归因为自己的个性，他就会倾向于悲观的解释风格。

我们要鼓励青少年全面地看问题，既不把所有责任都推卸给别人，也不把所有结果都归咎于自己的性格，而是从环境、人与人之间的交互作用、自己的思维风格、行为习惯以及对结果的评估等多方面来思考问题，打破人格化归因的枷锁，这样才能走出"非黑即白"的世界。

（3）学会反驳悲观

悲观往往会成为一种恶性循环。悲观者比乐观者更加容易感到沮丧，他们在学校和生活中所获得的成绩通常都会比乐观者低，同时，他们的身体状况往往也比乐观者差。如果一个青少年已经形成了悲观的解释风格，他感到焦虑和忧郁的风险就更高。因此，我们需要利用反驳将悲观的解释风格转变成乐观的解释风格。要想打倒悲观，必须将自己对自身的看法视为怀疑的目标，去审视自己的想法和信念是否合理。

然而，许多成人与青少年在受到他人指责的时候都会努力反驳，但是如果被自己指责，反驳自己的能力就会非常弱。这是因为每个人内在的看法是不容易改变的，我们相信自己对自身的看法都是不可反驳的。尤其对于青少年而言，他们看到的世界有限，经历的事件都是重复且固定的，此时他们无法去找到反驳悲观的依据。因此，青少年需要更多地去体验生活中的事件，学会觉察自己的模式和自己的认知思维，才能找到反驳悲观的依据。

自我反驳的清清

清清是一个初二的女生，她很喜欢去营地，可有一次在营地分组的时候，小组里有一个同学竟然对她说："你这么胖，在我们组会拖累我们，你去别的小组吧！"清清当时特别窘迫，脸腾地就红了。她的确对自己的身材感到很羞愧。事情发生时，她甚至想直接离开营地，一走了之。她一个人走到角落里偷偷地抹眼泪。可当她冷静下来之后，开始了如下的自我对话：

——我真的是太怂了，我竟然不会为自己辩驳，不会为自己说话。他们说得很对，我就是一个会拖累大家的胖子，不会有人想跟我在一起。

——我是比别的女孩子重一点，我也希望我像其他女孩子那样苗条美丽，可是我并非一无是处。我在小组里非常努力，我努力完成每一项任务，还给小组加过很多分。以前小组的同学从来没有因为我胖，就觉得我拖累了他们。相反，他们很喜欢我。这个同学跟我如此说话不是我的错，而是他不懂得如何沟通。而且因为他是第一次见到我，对我还不了解，所以他才会这么对我说话。我会慢慢让他看到的。我为我自己骄傲，同时我也会很努力地为小组的荣誉而战。

清清寻找到了具体的依据来证明自己并没有那么差。首先，她将别人的侮辱性评价归为对方暂时的行为，并且愿意通过具体的行动（努力让对方了解自己）来改善现状。其次，清清还对他人和自己都进行了共情，尝试理解对方的同时，也进一步认可了自己的能力，把自己看作是一个努力的、愿意为小组荣誉而战的女孩。这样的赋能不仅能够安抚自己的情绪，同时还能够在当下就做出相应的行为，这是反驳悲观的一种很好的方式。

通过对上述案例的分析，我们可以将反驳悲观的策略总结为：

· 寻找合理依据；

· 制定行动计划；

· 共情他人；

· 为自己赋能。

三、青少年希望的培养

勇往直前的Joker国王

游学营地“志行天下”曾有一位高一的男生，名叫Joker。在营地中他顺利地当上了国王。在长达36小时的饥饿游戏中，他遭遇了各种各样的挑战。刚当上国王的他一心想要带着组员拿到冠军，可是在行动的过程中，他发现，虽然小组每次都按时完成了既定的任务，但收益却只能满足小组成员的温饱问题，根本没有拿第一的可能性。那时候他非常沮丧，感觉大奖离自己越来越遥远。调整了情绪之后，他召集小组成员共同讨论现状。看到大家积极讨论的状态，他又看到了希望。于是，小组重新制定方案，不仅节流，同时还去开发新的资源，和老师斗智斗勇为小组争取福利。最终Joker的团队成为饥饿游戏中吃得最饱、得分最高的团队，夺下了来之不易的冠军。

饥饿游戏中共同分享食物的孩子们

Joker在遇到困难的时候，仍坚守自己的目标，并且为这个目标努力，最终成功。为了更好地诠释Joker这一案例，我们引入“希望系统”这一概念对其做深入分析。

希望系统包括动力思维（agency thinking），即一种目标指向性的能量（goal-directed energy）和路径思维（pathway thinking），即用来达到目标的计划和途径，并与目标行为及结果价值体系高度相关、互为因果。

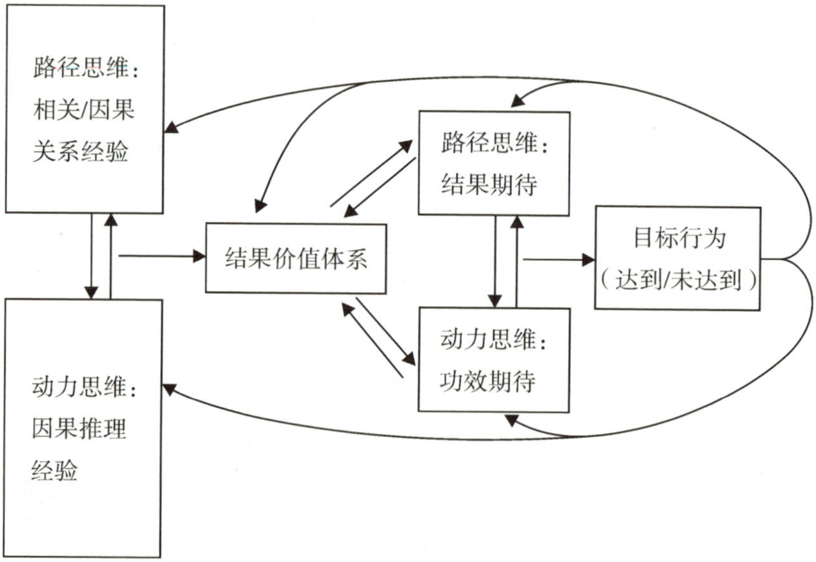

希望系统

从上图中我们可以看到，当一个人对目标足够重视的时候，他就会在行动过程中不断地追求目标。渐渐地，他会形成以因果认知为主的动力思维和以途径经验为主的路径思维。Joker最开始想要拿到冠军，这是他的目标。刚开始他运用老师给出的途径去行动的时候，对结果进行了预判，发现之前的方式并不能帮助自己团队拿到冠军，这时候他产生了沮丧的情绪。消极情绪会影响他的行动和思维方式，使得他无法正常行动，停滞不前。而此时团队的伙伴并没有因为他的沮丧而放弃目标，当他发现队友依然没有放弃的时候，群体提供的动力思维重新带动了Joker对目标的动力，从而影响了他的结果价值体系，也就是对短期内获得的结果的预估。当结果价值体系被注入动力时，整个希望系统又运转起来。

可见，动力思维首先开始对目标和现状重新进行评估，这种评估为个人带来新的路径思维。在后续行动的过程中，动力思维和路径思维不断相互作用、相互支撑，直到最终达到目标。达到目标后，成就感就会重新返回，来修正先前比较容易沮丧和放弃的结果价值体系。结果价值体系的沉淀，就是个人对于自己能否胜任一件事情的自信的积累。也就是说，在行动的过程中，每一次的胜利结果都会让一个人拥有很高的胜任感和成就感，这些感受的积累可以激发一个人的内在动力，推动下一步的目标和行动。

在整个希望系统中，我们能看到动力思维和路径思维都非常重要。那我们应该如何在生活中激活青少年的希望系统呢?

1. 明确目标

目标通常分为两种。一种是积极可行的目标，例如“我一定要努力在这次比赛中成为冠军”；另一种是试图阻止既定结果的目标，也就是回避型目标，比如“我努力学习就是为了不让我妈妈失望”。高希望者的目标多为积极可行的目标，从自己能做的事情出发，就像Joker那样，他选择的目标是当下可以行动的目标；而低希望者多为回避型目标，更多以“他我”为中心。目标取决于个体的自我定义，进而决定了个体对目标投入的努力程度。

青少年确定的目标首先必须是自己想要的。只有当目标是自己想要的，才能具备足够的价值来占据他们的思维意识。否则，他们无法在大脑中形成动力思维，也就无法找到解决问题的路径和方法。在现实中我们能看到很多缺乏学习动力的孩子，每天写作业拖拖拉拉，父母不催就不写。这是因为他们大多将学习目标认为是父母的目标，而自己学习的行为只是为了完成父母想要达到的结果。这种以他人为中心的回避型目标自然无法带来很好的学习动力。

其次，目标需清晰具体。高希望者的目标清晰且具体，而低希望者的目标则比较模糊。这是因为低希望者将希望看作是一个“一次性的整体目标”，而高希望者则会根据现状制定当前的目标，并将目标划分为更小的可实现且操作性强的小目标，这称为“小步子技术”。

十三妹徒步

在一场营地中，有项活动需要徒步16公里。11岁的十三妹体格纤细，在烈日炎炎下让她完成这样的目标难度非常大。可她有自己的方法：将16公里的路程分为4个阶段，又与老师详细地研究，在每个阶段设立了自己的“小站点”，确保每个小站点自己都能够完成。她在徒步的过程中，一直保持很好的状态，最终到达了终点。

徒步中的十三妹

她在课后分享中说："我不去想那个看似遥不可及的16公里，我脑海里只有每一个小站点。每到一个站点我都告诉自己：最美的风景就在下一站，这一站很快就能完成，坚持！加油！这样想我就不觉得太累，16公里也就完成了。"

十三妹的徒步目标制订就是"小步子技术"的直接使用。要培养青少年学会将大目标分解成为小目标各个击破，最终实现大目标。这样做可以有效地提高目标的成功率，并且防止出现因为目标太大而导致的情绪问题。

最后，要制订难度适中的目标。目标通常具有一定的不确定性，百分之百会成功的目标对于青少年而言不需要希望，因此这种目标也不能称之为目标。青少年处于自我探索的阶段，目标的制订不仅关系到他们的经验，也会影响其希望水平的高低。难度太大又没有试错机会的目标，只会破坏青少年对于目标达成的成就感，很容易使其形成一种低价值感的自我认知，认为自己什么都干不好，从而引发情绪低落、自主性降低等问题。因此，制订难度适中的目标，更容易塑造希望系统。换言之，要激发青少年的探索精神和持续动力，需要这样的目标：有一定难度，但在经过一定的努力后可以实现，同时拥有试错的机会。

2. 学会多种解决问题的方法

希望系统中的一个重要因素是路径思维。路径思维是以目标为基础的一种思维方式，当目标产生之后，大脑会本能地对目标实现的路径进行设计。比如，当你想回家的时候，大脑会自动开始运转：是坐网约车，骑自行车，坐公交车还是乘地铁？当你打算坐网约车回家却发现因为下雨约不到车的时候，大脑会立刻帮我们寻找其他的解决方案。当你有多种方式回家的时候，你不太容易感受到负面情绪。当你的某种解决方案行不通时，就容易出现负面情绪。若你试遍了所有的方式都无法回家，你会感到非常沮丧和难过。

青少年相较于成年人来说，更容易学习新的思维方式，容易形成多元的解决问题的路径；但是由于经验的缺乏，他们在解决问题的时候，往往不会变通地只使用较为单一的应对方式。因此，青少年需要通过多种体验方式去学习更多的方法。

佩恩的挑战

在一场营地的结业任务中，佩恩遇到了前所未有的挑战：他需要带领小组成员共同找到一份工作，赚取当天的午饭钱。他们走进第一家店就遇到了一个态度强硬的老板："我们这里不需要小孩子！你们又干不了活，还要拿工资，我肯定是不要的。"听到老板这么说，佩恩他们很生气，扭头就走。于是他们又去第二家店找工作。他们连续找了六家店，老板们不是拒接他们，就是不想付工资。

这个时候他们听到了老师的通报，已经有两个小组找到了工作，并且开始投入工作了。佩恩开始思考：到底是哪里出了问题？于是他召集小组的伙伴一起共同讨论分析前面走过的六家店。大家发现在和几位老板沟通的过程中，伙伴们并没有将找工作的目的阐述清楚，也并没有表达自己的价值，态度也不够诚恳。反思了找工作中存在的问题后，小组迅速调整战略，以两人为一队，共3队，每队都代表本组全部6人分头行动。并且约定每一次失败之后，同队的两人要快速进行总结分析，寻找突破口。

很快，在经历了几次失败之后，佩恩小组就在一家汽车保养店找到了打扫店面以及洗车的工作，并且如火如荼地干了起来。

正在努力工作的佩恩小组

在这次任务结束之后，佩恩分享道："原来不是别人拒绝了我，而是我自己主动放弃了机会。只要我们不放弃，积极寻找新的方法，不断地反思、总结、再行动，机会就来了。"

佩恩小组在遇到困难的时候，选择了多种实现目标的方法（路径思维）。他们调整了情绪，再次确认了目标（努力完成任务）。他们对于过去的经验进行了总结，去分析失败的原因，运用总结的经验进行行动调整。在不断寻找方法的过程中，他们最终成功了。

对于青少年来说，学习多种解决问题的方法是培养路径思维非常好的方式，当青少年们认为遇到困难并不可怕，总会有方法的时候，他们的希望感就会得到很大程度的提高，同时也会产生与之匹配的行为。当再次遇到困难的时候，青少年们就不容易被打倒。这对于他们未来的人生也将具有非凡的意义。

3. 拥有坚定的信念

高希望者不仅善于找到多种解决问题的方法，同时还拥有一种持之以恒的动力思维。动力思维是一种精神力量，它可以激发一个人积极思考的动力，同时也能够安抚因为压力、挫败而产生的负面情绪。

培养青少年的动力思维，可以帮助他思考如何能够达到目标，并且在达到目标的过程中拥有毅力。高希望的青少年会表现出具有动力的自我谈话，如"我一定能做这件事情""我一定会成功"等。这样的孩子更容易有具体的行动，也更容易找到解决问题的方法。而低希望的青少年往往更容易陷入"我做不好""这件事太难了，我做不到"的自我对话中，他们容易陷入情绪消极、行动迟缓甚至不行动、自我价值感很低的恶性循环中。

青少年的动力思维不是靠说教或者强行灌输得来的，而是靠自身内在的成长动力自然引发的。青少年需要经历更多的事情、看到更多种内在的可能性，才能激发这种内在的成长动力。这样有助于青少年发展为高希望者，让他们有能力面对未来生活中可能出现的各种状况。

本章要点

1. 希望与乐观是青少年的重要心理资本。“希望”为青少年提供信念基础，以及相应的行动力量。“乐观”则有助于青少年在面对应激事件的时候调整自己。
2. 培养乐观的解释风格，需要学会正确地思考实际问题，打破人格化归因的枷锁，懂得反驳悲观。
3. 激活青少年的希望系统，需要明确目标，学会多种解决问题的方法，拥有坚定的信念。

第二章

世事洞明——青少年的情商

一个人的成功=1%的智商+99%的情商。

——美国作家、哈佛大学心理学教授丹尼尔·戈尔曼（Daniel Goleman）

冲突背后的情绪管理

电视剧《小欢喜》有这样一幕：发怒的妈妈宋倩责骂女儿英子逃学。长达数分钟的指责，让原本一直低头认错的英子逐渐不满、反抗，一场家庭教育转变为撕心裂肺的争吵。事情是怎么发展到这个地步的呢？我们来看看宋倩所说的话。“我说他们两句怎么不行啊？他们带你去逃课我还不能说他们了？”“那个小梦阿姨怎么就那么好啊？怎么就那么招你喜欢啊？”“我逼你什么了？你妈做什么都不对是吧？”在长达5分钟的争吵中，宋倩有一大半时间都在以反问句的语气攻击英子。持续而强烈的情绪攻击，也让英子的回应逐渐从“我错了，我知道错了”，变成“妈，不是你想的那样”，再变成“妈你别逼我了成吗”，直到最后大喊出来“对！我就是喜欢小梦阿姨！她就是比你好！”这一段母女吵架戳中了无数人的心，许多人都从中看到了自己曾经与父母子女争吵时的样子。

当宋倩吐出一连串反问句时，她根本不需要英子的解释，只想发泄自己的情绪。情绪的失控让女儿和她对立起来。日常对话中，反问句的使用是需要谨慎的，因为这可能会引起对方的反抗或厌恶，进一步激化矛盾。在这场冲突的背后其实隐藏着情绪管理的问题，这就是情商的重要内容。

一、情商概念的由来和发展

1990年，美国心理学家新罕布什尔大学的约翰·梅耶（Jone Mayer）和耶鲁大学的彼得·萨洛维（Peter Salovey）在《想象、认知和人格》杂志发表论文，首次对“情商”进行了科学定义。文章指出，情商包括四种能力：准确感知情绪的能力；利用情绪助力思考、决策的能力；了解情绪及其产生缘由的能力；控制自己和他人情绪的能力。1995年，哈佛大学教授兼《纽约时报》科学记者丹尼尔·戈尔曼出版了《情商——为什么情商比智商更重要》（简称《情商》）一书。此书的出版引起了全球对“情商”的研究与讨论。丹尼尔·戈尔曼也因此被誉为“情商之父”。在这本书中，丹尼尔·戈尔曼利用大脑与行为科学的突破性研究，说明了高智商者表现不佳、智商一般者表现出色的影响因素。这些影响因素包括：了解自身情绪（自我意识）、管理自身情绪（掌控和管理自己的情绪）、自我激励（自我驱动和鞭策）、认识他人情绪（同理心和换位思考）、处理人际关系（让人与自己相处感到舒服）等五种。也就是说，情商是一个人能够意识到自己的情感并能控制住情感的能力。它涉及与人相处时候的自制能力和同理心，激励自己的能力，以及积极持久工作、学习的能力。

丹尼尔·戈尔曼在《情商》10周年纪念版的序中提到，他认为用“情智（Emotional Intelligence，EI）”（情绪智能的简称），比用“情商（Emotional Quotient，EQ）”更为准确。目前，情商或情绪智能的学习在全球教育领域受到重视。如联合国儿童基金会有专门的项目支持社会情感学习以发展儿童的情绪智能。一些人也将“社会情绪能力学习（Social and Emotional Learning，SEL）”等同于情商训练或情商学习。

教育部—联合国儿童基金会社会情感学习项目系列资源

二、情商对青少年心理发展的影响

青春期是个体情绪情感发展的重要阶段，情绪情感的发展也会影响青少年的心理发展。下文将从丹尼尔·戈尔曼提出的情商五个维度：了解自身情绪、管理自身情绪、自我激励、认识他人情绪、处理人际关系来分析青春期孩子的情商发展以及情商对青少年心理发展的影响。

1. 了解自身情绪

根据情绪的复杂程度，我们可以将其分为两种：基本情绪和复杂情绪。基本情绪即个体在出生后就会出现的四种情绪，即喜、怒、哀、惧。从2岁开始，孩子慢慢出现了更多的情绪，如尴尬、害羞、内疚、妒忌等，这些就是复杂情绪。随着年龄的增长，到童年以后，孩子们在生活、学习中会遇到越来越多的事情：他们会遇到越来越多的规则对他们的束缚；会遇到越来越多的挑战，比如学习上的难题、人际交往的困难。这些挑战会让他们体会到越来越多的复杂情绪。

随着体验到的情绪越来越多，孩子需要对自己所体验到的情绪有正确的认识。比如，他们需要知道自己做错事情后，被老师和家长批评时的沮丧、难过是正常的；和好朋友之间闹矛盾时的伤心、愤怒也是正常的；帮助了一位老人过马路后的愉快是正常的；被人误解时觉得很委屈也是正常的。认识到自身的情绪，我们才能去接纳它，处理它。可以说，一个人如果具备监控自己情绪的能力，他就不容易被情绪所左右和控制，他也不会在遇到事情的时候失去冷静和理智。

2. 管理自身情绪

在一定的社会文化环境中，有特定的情绪表达规则。儿童发展心理学的研究显示，孩子的社会性情绪表达会随年龄的增加而发展。3岁的儿童就具备掩饰自己真实感受的能力，但到5—6岁时，他们掩饰情绪的能力还不够强，容易被成人识破，比如说谎以后容易露馅。到小学阶段，儿童开始对社会所认可的情绪表达规则有所认识，他们会越来越清楚哪些情绪应该在哪些情境下进行表达。比如，同样是收到不喜欢的礼物，7—8岁的儿童会表现出明显的失望，而12—13岁的儿童，就可以很好掩饰自己的失望。

不过，即使是12—13岁的儿童，在遭遇一些特定事件，如遇到同伴嘲笑的时候，还是不能很好控制自己的情绪。在营地中，有时候孩子们会因为同伴的言语产生并表达激烈的情绪，从而引发冲突。营地导师需要在这时引导冲突双方及时调整情绪，让孩子更好地疏解负面情绪。如果孩子的情绪调节能力较强，在遇到一些挫折的时候，他们就能够很快从痛苦的情绪中摆脱出来。研究显示，能够更好管理情绪的青少年会与人更加友善，也更少受到同伴欺负，从而拥有更好的同伴关系。

谁才是最强大脑

《最强大脑》是江苏卫视引进德国节目*Super Brain*而推出的大型心理学科学竞技真人秀节目。某期《最强大脑》中，是李云龙和安德烈两位天才少年的对决。虽然同为12岁，但在赛场上，两位天才少年的表现却并不相同。比赛中，李云龙以为自己失误了，当场大哭，瘫倒在座位上。当他得知自己其实并没有犯错，而是赢了安德烈后，又不可抑制地开怀大笑。在整个过程中，安德烈都没有特别强烈的情绪变化。甚至当李云龙以为自己必输无疑，哭得最凶时，他也流下了眼泪。李云龙夺冠后，安德烈走过去拥抱了他：刚刚他很担心李云龙，因为李云龙很难过。安德烈大方而坦然的态度，与李云龙的“不能输”，形成了鲜明的反差。主持人蒋昌建说：李云龙的胜利让我感动，但安德烈的眼泪征服了我。节目播出后，观众说，其实真正赢得人心的那个人是安德烈。

李云龙、安德烈在同一场合的不同反应让我们印象深刻。我们不应该对12岁的孩子求全责备，他们的情绪被一时的胜败左右、还不能很好地自我控制是正常的；也不是说李云龙敢于挑战、勇于取胜的精神是错的。但对教育工作者来说，应当以培养孩子的综合素质、身心健康为首要目标，如果过度强调结果，会影响孩子的心理健康。为了结果牺牲快乐、牺牲健康对孩子来说是不值得的。因此，真正好的教育，应该告诉孩子，胜败乃兵家常事，参与就是成功。在参与过程中，他已经得到了成长。

3. 自我激励

自我激励的能力，其实就是维持乐观态度接受挑战的能力。个体成长的过程中，会遇到越来越多的挑战，他们需要克服各种阻碍才能战胜困难。在这个过程中，他们可能会感觉到枯燥、寂寞、烦躁、郁闷种种情绪。如果孩子具备自我激励的能力，他们就能够用正面的、积极的情绪去促使和推动自己迎接挑战，不断地向着梦想前进。

改变科比一生的励志故事

科比“凌晨四点的太阳”励志故事激励了许多为梦想努力拼搏的人。而在科比的人生中，也被这样一个人物激励着。这个人叫丹尼尔·鲁迪，一位美国橄榄球运动员，是科比最敬重的偶像。鲁迪生长在一个普通的工人家庭，渴望成为一名出色的橄榄球运动员。然而他并没有当运动员的天赋，身材矮小瘦弱的他和同龄人站在一起都会显得格格不入，更别说和专业运动员之间的差距有多大。连家人都觉得鲁迪是在做梦，总是嘲笑他的想法，只有他最好的朋友彼得在支持他。

高中毕业后，鲁迪听从了家人的建议，到当地的一家钢铁厂工作。虽然整日与钢铁打交道，但是鲁迪最常和别人聊的仍然是圣母大学和橄榄球。一直鼓励鲁迪的彼得在一次意外中丧生，这件事给了鲁迪沉重的打击，同时也让鲁迪重新审视了自己的人生。后来，鲁迪离开钢铁厂，经过几个寒暑的努力，他终于进入了梦寐以求的圣母大学。他的坚持也打动了校橄榄球队教练，被选入替补阵营。

电影《追梦赤子心》海报

即便已经进入了球队，在拥有众多优秀球员的圣母大学队里，作为替补、资质平平的鲁迪依旧很难得到比赛机会。但是鲁迪没有放弃，一直坚持努力学习、认真训练。这种顽强拼搏的精神让他赢得了所有队友的尊重。鲁迪也用坚持为自己赢得了实现梦想的机会，靠努力赢得了所有人的尊重。

鲁迪的故事后来被改编成电影《追梦赤子心》，激励了包括科比在内的无数人。

鲁迪的一生都是在不断和自己的命运较劲。他不断地激励自己挑战看似命定的局限：他努力考上了父亲认为“只有出生在有钱人家里的聪明孩子才能获得”的圣母大学；他进入了一个哥哥认为“绝对不可能进入”的球队；他是一个完全没有运动天赋的小个子球员，却凭顽强的拼搏赢得全美最优秀的一批橄榄球运动员的尊重。鲁迪这一路上不断自我激励，用乐观的态度面对家庭、天赋等带来的挑战。这种积极的状态，让他实现了自己的梦想，成就了精彩的人生。

4. 认识他人的情绪

随着年龄的增长，孩子也越来越能够识别别人的情绪。婴儿在18—24个月时能够认知情绪概念，此时他们对自己和他人感受的理解上升了一个台阶。4—5岁的时候，孩子就能够很准确地从体态和表情判断一个人是快乐还是生气。6—9岁的孩子就已经具备了根据面部表情、动作以及周围的环境来判断别人情绪的能力。能够识别他人的能力以后，孩子就可能具备共情能力，这种时候他就可能对他人的经历感同身受，能够客观理解、分析他人的情绪，能够推断自己在某种情况下应该有什么样的行为和情绪反应。从小学阶段开始，儿童对社会所认可的表达规则有了越来越清楚的认识，更加了解哪些情绪应该在特定的社会情境中进行表达。儿童的情绪调节到青春期还一直在发展，班杜拉及其同事的研究发现，14—19岁的青少年对自己的情绪控制能力的知觉会影响他们社会生活的许多方面。

谢谢你喜欢我

小达是一个16岁的男孩，喜欢上同是16岁的小桃。小桃是一个很优秀的女孩子，阳光热情，学习成绩很好，很受大家欢迎。在一次“真心话大冒险”中，小达借着游戏向小桃表白：“小桃，我喜欢你，我觉得你很大方，很漂亮，我想和你在一起，你愿意吗？”当时其他小伙伴都在起哄，小桃很尴尬。可第二天早上，小达又对小桃说了同样的话，这让小桃觉得不对劲，很慌张的她什么都没有说就跑掉了。小桃找到了老师，跟老师说了这件事情。她说自己没有遇到过这种事情，不知道该怎么处理。老师告诉小桃：“在你们这个年纪出现欣赏和爱慕是很正常的，你很优秀也值得被喜欢，这件事的发生是合理的。老师想听听你是怎么想的？”小桃说：“我很迷茫，也没有准备好——我其实也挺欣赏他的，但是我不了解他，或者说还没到那种地步。我有自己的规划，我希望我们可以共同学习，互相帮助就很好了。”老师说：“每个人都有欣赏和喜欢一个人的权利，同样，面对他人的喜欢，也有拒绝的权利。你不妨直接跟小达说出你内心真实的想法。”

小桃找到小达，跟他说：“我很欣赏你，但是只是朋友一样地看待你。我们各自都有各自的规划，还有很长的路要走，还会遇到很多的人。我希望我们可以作为朋友一起成长、共同进步，可以吗？”小达有些失落地答应了。后来和老师沟通的时候，小达说：“现在我要做的是调整自己，做自己该做的事情，让自己更优秀，未来还有更多可能性呢。”

青春期对异性产生好感是正常的，他们需要识别自己当前的情感，也认识、接受和尊重别人的情感，这是最终解决问题的关键。同时，对青春期的孩子来说，他们还通过观察喜欢的人作何反应来确定同一性，从而对自己有更多的认识。在这个故事中，我们可以看到两个孩子都正视了自己的情绪，并且在老师的引导下，对彼此的情感都有正确的认知，这件青春小事也得到了圆满的解决。

5. 处理人际关系

发展心理学家霍华德·加德纳（Howard Gardner）教授指出，与人友好相处的能力是非常重要的生活技能。对儿童来说，他们存在着“两个社交世界”，一个是成人和儿童之间的世界，另外一个则是儿童与同伴之间的世界。2—3岁的孩子会喜欢留在父母身边，寻求身体的亲近。4—5岁的孩子则更喜欢获得同伴的关注和认同，他们有越来越多社会交往的需求。到小学阶段，孩子的同伴交往变得越来越复杂。随着孩子的成长，尤其是到青少年时期以后，他们绝大多数的时间都是和同伴共同度过。青春期早期的青少年会更喜欢和具有相同价值观或者活动兴趣的伙伴在一起，和同性别的同伴交往较多，到青春期中期的时候，同异性之间的交往增多。在这个过程中，青少年的人际交往能力逐渐形成。因此，处理好同伴关系就成为他们人际交往的重要一环。

青少年的人际关系是否良好，会对个体的生活产生很大的影响。有的家长认为，你好好学习就行，管什么人际关系的事情。但事实上，孩子生活在一个生态系统中，不良的人际关系会影响他们的情绪，甚至会对他们的心理健康造成不良影响。个体的发展从来不意味着必须要和周围事物划清界限，走向成功也不意味着必然要以人际关系的牺牲为代价。人际关系处理不好，会对学习等方面施加情绪和精神上的负担，消耗本可用于奋斗的时间和精力。而且孤军奋战需要个人极大的忍耐力和耐心，这一过程充满与外界的对抗和斗争，不是每一个人都能够坚持下来的。在人际关系处理不畅、缺乏舒适的外界环境、只能依赖自己的情况下，孩子往往会因为自身心理能量的不足而退缩、绝望甚至崩溃。

孩子在群体中是否受到欢迎，其实受到多方面因素的影响，其中，最重要的还是其是否具有比较高的社会认知技能和社交技巧。这些技能会影响他们在群体中的社交地位，错误的社交方式有可能让他们的社交失败。

孩子，你应当有人际交往的底线

小白是一个初二的孩子，在自己所在的班级比较边缘化。为了和班级中一个小团体融合到一起，他顺从了和他们一起去学校门口的小超市偷东西的怂恿。开始的时候，偷的东西不多，也就是一些饮料和零食；后来，小团体中的“老大哥”怂恿大家偷一些比较贵重的东西。小白其实是一个很老实的孩子，他并不想这样做。但是如果拒绝，他可能会在这个团队中被排挤、受欺负。为了能够和大家玩到一起，他也跟随小团体去偷了更多的东西。但是做坏事不可能永远幸运。超市的老板终于发现了这么一群初中生在他的超市偷盗。事发后，“老大哥”把所有的责任都推到了小白身上。在全校大多数不知情的师生眼中，小白已经变成了一个小偷。小白没脸面对师友，初中没有念完，就辍学回家了。为了让自己拥有朋友，小白融入了这样的不良团体，付出了极大的代价。

青少年在处理人际关系时需要明白，建立社交关系并不意味着要去讨好和迎合自己不喜欢的人和事，而是要有自己的处事原则，要有自己为人处事的价值底线。

三、高情商青少年的培养

1. 情商可通过后天培养

英国有一项持续50年的情商研究：研究人员调查了一群孩子，从他们的婴儿期、童年期一直追踪到成年。研究发现，那些在早年表现出高情商的孩子，成年后往往更容易拥有成功的事业以及幸福的生活，即情商跟人未来的成功与幸福正相关。

有人认为情商是先天的，有些人情商高，天生就乐观积极；而有些人天生就自卑敏感，暴躁易怒，情商不足。其实情商并无明显的先天差别，更多与后天的培养息息相关。青春期是儿童向成人过渡的时期，这一时期，儿童的身心都在发生迅速和明显的变化。从儿童的发展来说，在儿童早期，情商能力是波动的，随着年龄的增长，波动性会降低，稳定性逐渐增强。这意味着，情商发展的关键时期是青少年时期，在这一阶段，通过有效的教育干预和系统的学习，可以促进孩子情商的发展。2007年9月，英国宣布将在全国范围内的中学里开设“社会与情商”的课程，主要教学内容包括公平竞争、尊重他人和各种礼貌，鼓励教师向学生们言传身教如何冷静处理发怒和挫败等问题。该课还教授公平竞争规则以及处理日常压力和负面情绪的方法等。比如，通过阅读有关“心爱的玩具丢失”“宠物死亡及亲人过世”等方面内容的书籍，让孩子们正确面对生活中的各种失去、正确认识死亡等。“社会与情商”课程被认为有助于防止儿童变成“少年粗人”。

佩里研究

“佩里学前教育研究”（Perry Preschool Program Study，简称“佩里研究”）是情商干预成功的一个非常好的例证。“佩里研究”是美国最早启动也是最知名的幼儿教育长期效果研究项目。这个项目选取了智商处于85分以下的儿童，对他们进行情商干预，比如教孩子们如何与别人友好相处；教师每周开展家访活动，与父母讨论孩子的发展、亲子关系与家庭教育；专门设计一些活动改善亲子关系。项目进行了实验组与控制组之间的对比研究和持续的跟踪研究，一直追踪到40岁。研究发现，情商干预极大地提升了参与项目的实验组孩子的情商能力，实验组学生比控制组的同龄人身体更加健康、更善于社交、收入更高。项目研究人员詹姆斯·赫克曼（James Heckman）和加内什·卡帕库拉（Ganesh Karapakula）发布的研究《佩里学前教育项目的代内和代际效应》（*Intergenerational and Intragenerational Externalities of the Perry Preschool Project*）甚至还发现，这种影响延伸到了他们的孩子：实验组学生的子女，在学校里更遵守纪律、校外犯罪率较低，并且在长大后接受高等教育、从事体面职业的概率也更高。

类似的研究还有美国儿童心理学家南希·艾森博格（Nancy Eisenberg）和同事进行的一项为期17年的追踪。研究发现，在4—5岁表现出较多自主分享行为的孩子，在整个儿童期、青春期中乐于助人，更多为别人着想的孩子，他们的人际关系也会比较好。这些研究说明，情商是可以后天培养的。

2. 如何培养青少年的情商

一般来说，高情商的孩子能拥有稳定的情绪，不容易暴怒和生气，即使有短暂的负面情绪也能更好地调整。他们也常常拥有较好的同理心以及理解他人的能力，容易获得他人的认同和好感。另外，高情商的孩子意志力较强，抗挫折能力较强，遇到嘲讽或失败也能以积极的心态应对。对青春期的孩子来说，在营地课程中，可以通过多种活动培养他们的情商，达到提升其社交能力的目的。以下是营地中帮助孩子进行情商训练的小技巧。

（1）多给予他人积极的肯定

营地教育中的学员来自不同家庭、不同学校，甚至不同城市，他们有各自的品性，语言表达的方式也不一样。在课程中，可以专门设置一些环节教孩子如何表达。比如，在团队活动中，需要告诉孩子，当团队成员遇到困难的时候，要去鼓励和肯定同伴。营地的多个环节都可以鼓励孩子这样肯定他人，当孩子把这样的习惯带到日常生活的时候，会帮助他们在学校和家庭中建立良好的社交关系。

（2）引导孩子正确表达负性情绪

在营地活动中，当孩子们在一些事情上产生负性情绪的时候，营地导师可以替代父母，和孩子主动谈论“情绪”这一话题，引导孩子用正确的方式表达情绪。当孩子学会觉察自己的负性情绪并学会以正确的方式去表达的时候，他们能更容易地从中摆脱，也能够更好地解决负性情绪带来的问题。

（3）引导孩子尊重不同

在营地活动中，需要引导孩子们拥有平等待人的意识。很多时候，青春期的孩子在校园生活中遭遇的欺凌和暴力等，正是来源于孩子们不懂得尊重差异。有时在营地中，学员之间也可能会存在偏见甚至冲突，因此，需要设计一些活动引导学员学会尊重他人。偏见与歧视可能和各自的经历或者背景有关，但是，每个人的认知都来源于各自不同的生活经历和体验，尊重别人和自己的不同，不把自己的价值观当作唯一，具备同理心、理解他人的观点，是一个人的基本修养。

四、总结

一般来说，高情商的孩子能拥有稳定的情绪，即使生气也不容易暴怒，出现短暂的负性情绪也能及时调整；他们也常常拥有较好的同理心以及理解他人的能力，更容易获得他人的认同和好感。另外，高情商孩子的抗挫折能力较强，遇到嘲讽或失败也能以积极的心态应对。培养情商的目的，并不是为了让孩子取悦他人，而是要引导他们发展自己的社交能力，更好地处理自己与他人的关系，这是营地教育的重要目的之一。

本章要点

1. 情商五大维度：了解自身情绪、管理自身情绪、自我激励、认识他人情绪、处理人际关系。
2. 情商的本质，并不是为了取悦他人，而是为了更好地处理自己与他人的关系。
3. 培养青少年的情商，需要多给予他人积极的肯定、引导孩子正确表达负面情绪、引导孩子尊重不同。

第三章

天生骄傲——青少年的积极自我

世界上最重要的事就是认识自我。

——法国思想家蒙田（Michel de Montaigne）

一、自我

我是什么样的人?

璞玉现在是一名大二的学生，她在一次演讲中这样介绍自己：“我是一个坦率、活泼的人，喜欢和真诚的人相处。我追求和别人不一样、和昨天的自己不一样。爱好占据了我生活中的大部分，平衡好学习和爱好的关系对我来说是一项挑战。我最满意自己的部分是善良，在成长的道路上我遇到了很多善良的人，所以我也愿意努力成为一个善良的人。”

营地中的璞玉

从璞玉的自我介绍中，我们可以看出青少年在描述自己的时候，会更加关注自我内在的品质，比如兴趣爱好、性格特质等。在青少年时期，对自我有一个比较清晰客观认知的人，更容易设定符合自身状态的目标，并赋予持续完成目标的行动力，对于未来自身的发展也更有方向和憧憬。你会如何回答上面提出的"我是什么样的人"这个问题？也许你会说自己的性格，自己的职业，自己的信仰或者是自己的价值观。事实上，我们在回答这个问题时，就是在回答何为自我。

自我指的是每一个独特的个体的个人生理和心理特征的总和。美国心理学家威廉·詹姆斯（William James）将自我分为三类，分别为物质自我——我们的身体和延伸的自我；社会自我——我们在社会中所扮演的多种角色，以及我们为他人所认可的方式；精神自我——内部的或心理自我，包括关于自己的特质、能力、价值观和习惯，以及感受自己的方式、对自己的看法。

青少年更多地关注精神自我。从前文璞玉的自我介绍能看出，青少年在进行自我描述时更倾向于把自己的一些特质与特定的情境相联系，而不是泛泛地使用这些特质。由此可见，青少年能够把自我形象的不同方面整合成一个较有逻辑性和连贯性的整体，并且，青少年也会尽力地把一些存在明显差异的信息进行整合，使其具有较高的组织性，从而维护自我的统一。

二、积极自我

更关注积极品质的青少年，会倾向于发展出积极的自我特质。罗杰斯提出的“机能健全者”的概念是积极自我的良好诠释。罗杰斯认为，发展出积极自我的人要具备以下特征：

1. 经验的开放性

即对一切经验采取开放的态度，机能健全者会毫无拘束地体验所有情感和经验，不封闭自我。

乐于开放自我的稀饭

在营地中，总有一批孩子散发着非常耀眼的光芒，他们全身心地拥抱当下，完全敞开自己。稀饭就是这样的一个孩子。面对营地中许多需要开放自我的心灵成长课，有的孩子会选择逃避，不太愿意加入。尤其在谈及自己和家人关系的时候，有的孩子会选择封闭自己，躲在一个小角落，哪怕老师多次邀请和引导都无用，只是默默地看着其他人去体验。而稀饭在每一次课中都会忘我地投入，跟随课程设置的种种体验，或哭或笑，或沉思或释放。

2. 存在主义的生活方式

机能健全者对生活有着清新感，生活于存在的每一瞬间。他们能够很好地把握当下，关注当下的感受与状态，很少有无意义感；珍惜生命中的每一个阶段，并在不同的经历中汲取心理营养。

3. 信任自己的机体

机能健全者的人格犹如一切资料都程序化了的计算机，并不徒劳地思虑所面临的每一件事情。他们会全面地考虑问题，并且能对行动的过程迅速做出决定，他们是从内而外地信任自己、相信自己的决策，并能够心无旁骛地执行自己的计划。所以这一类青少年在面对挑战时，往往展现出令人赞叹的执行力和思考力。

4. 富有自由感

机能健全的人是“意志自由”的人，他们的决定都是出自个人的意愿，而不是因为受到外部的强制或内部的压抑。他们能享受到生活的个人权力感，相信未来是自己决定的。比如在他们人生重要的节点上，富有自由感的青少年对于未来会有自己清晰的规划，知道自己要成为怎样的人，以及选择过怎样的人生。例如在高考选择专业方向的时候，不会因为家人觉得哪个专业热不热门，或者别人的建议而感到困惑、迷茫而举棋不定。

5. 高度创造力

机能健全者富有高度的创造和创新能力，而不是一味遵循或消极适应社会和文化传统。富有创造力的青少年，思维方式不会局限于某种既定的框架，他们善于打破常规、另辟蹊径。所以在他们的世界里，一切皆有可能。也正是这种高度的创造力给他们的学习生活带来了很多不一样的精彩。

三、积极自我的关键要素

青少年形成积极自我的建构，离不开自我效能感以及自尊水平的影响。自我效能感与自尊是青少年积极自我形成的关键要素。

1. 自我效能感

青少年在成长中，会遇到来自各方面的挑战和困难，比如最普遍的学业上的挑战。但是我们会发现，同样面对考试失利，有的孩子多次失利依然屡败屡战，最后找到恰当的学习方法与考试技巧，成为“黑马”逆袭；

有的孩子一次考试失利便不再努力，自暴自弃。是什么让“黑马”在屡次失利后仍不放弃学习，最终走出失败、获得成功？而有的青少年却在挫折面前认了输？这就是青少年积极自我品质中的一个关键要素“自我效能感”在起作用。自我效能感指的是：人们关于他们自身能否成功的信念。自我效能感高的青少年对于自己和面对的挑战期望值比较高，遇事能够理智处理。他们乐于迎接应急情况的挑战，能够控制产生自暴自弃的想法。如有需要，他们能发挥智慧和技能克服困难。而自我效能感低的青少年遇到困难时容易畏缩不前，习惯于情绪化地处理问题，面对压力会慌张不安、束手无策。他们比较容易感到恐惧、害羞。在关键时刻，他们的知识和技能难以完全发挥。

对于青少年而言，自我效能感会受到自己所经历的成功或失败体验的影响。一般而言，成功的经验可以提高青少年的自我效能感，而多次失败会降低青少年的自我效能感。另外，青少年的许多效能期望是来源于观察他人的替代经验。这就是我们常说的同伴的力量。越相似的两个人，一方的成功就越会对另一方的自我效能感产生积极影响。当青少年与和自己年龄相仿、经历相似的同伴在同一个情境中，看到周围的同伴某一个勇敢挑战自我的成功经验，就会增加自身的效能感，潜意识里会出现“他们都可以做到，那么我应该也可以”的信念。

35秒的改变

在一个培养青少年领袖能力的营地中，有个承诺引发的环节，即每个人需要写下自己期待一个拥有哪些特质的团队，然后选出其中一条自己可以引发给团队的特质，向大家公布出来。雷神写下的其中一条是“坚定”。导师问：“你为什么希望这个团队是信念坚定的呢？”雷神回答说：“因为我是一个对待目标不够坚定的人，遇到困难就想放弃，我不希望我的团队也是这样。”导师听到后告诉他：“如果你希望团队具有坚定的特质，那么首先应该从你开始给团队带来坚定！”

老师的引导和鼓励，给了雷神很大的力量。于是雷神下定决心要突破自己。他站起来的那一刻，右手握拳，目光如炬，底气十足，运出自己内心强大的力量，在全队小伙伴的见证下喊出："我要引发坚定！我要引发坚定！"

每喊一次，雷神都比上一次眼神更加坚定、语气更加确定，越来越强大的力量从内而外散发出来。每一次，雷神喊出"我要引发坚定"的时候，周围的小伙伴和老师都会用同样有力的语气回应："你一定可以的！"

雷神在台上用了35秒的时间，所有人都起立为他助威加油。

后来他分享说：原来我真的很有力量。我真的做到了，有了这次体验，我更加相信自己了。人和人之间是可以相互信任的。在未来成长的路上一定会选择坚定、实现我的梦想！

雷神与导师

参加营地之前，雷神是一个自我效能感偏低的孩子，遇到困难容易退缩，周围也缺少能够给到雷神积极反馈和体验的机会。来到营地后，这个平时总是退缩的孩子能够勇敢地站出来做出挑战，是因为营地课程不断给他创造了成功的体验，加上同伴榜样的力量，从内而外地增加了雷神的自我效能感，使他最终实现了自我突破。可见，我们可以通过他人的支持和环境的改变，来帮助一个孩子从低自我效能感走出来，逐渐获得自信和力量，从而形成对自己积极的认知。影响青少年自我效能感高低的重要因素是儿童成长阶段中，来自父母和老师的反馈及引导。如果儿童凡遭失败就大加指责，就会导致儿童没办法正确看待失败、惧怕失败，从而产生习得性无助，自我效能感下降。

2. 自尊

青少年积极自我的形成还有一个关键要素：自尊。

自尊是指个人基于自我评价产生和形成的一种自重、自爱、自我尊重，并要求受到他人、集体和社会尊重的情感体验。

自尊感比较高的青少年更容易形成积极自我的品质，其表现通常为：认为自己是一个有价值的人，并感到自己值得别人尊重；较能够接受个人的不足之处，高度喜欢和热爱自己。高自尊水平的青少年对自我现状常常是满意的，他们对自己的存在能力和存在价值充满自信，即使这种能力和价值并不比别人高；另一方面，他们虽然对自我现状很满意，但并非停滞不前。相反，正是由于他们对自己很满意、很自信，才会无论在生活中还是学习中都恰恰表现出了比较积极的状态，从而与周围的人、事、物形成了良性互动，进而不断改善自己的生活状况。

而低自尊水平的青少年会不喜欢自己的某些方面，希望改变但对于自己能否改变持有怀疑的态度；不认为在别人眼中自己是优秀的，是值得喜欢的。这种对于自己的负面评判，会让青少年陷入深深的痛苦之中，最终的体现就是想方设法逃避一切可能加剧内心痛苦的活动，比如减少社交、学习方面的进取行为，以避免带来不必要的麻烦。

伊利：做一颗照亮他人的星星

现在的我，大家看起来还是挺开朗的吧。但其实以前我是一个很自卑的人，是一个在别人跳舞的时候只会在旁边看着的人。我曾不止一次地觉得我是这个世界上最没用的人。

人的一生会有很多的转折点，而在一次营地活动中，自卑的我迎来了自己的转折点。这个活动需要每个人从“阳刚”和“阴柔”两种姿态中选择一种到达终点，动作必须让阻拦者认为足够阳刚或阴柔才能通过关卡。我选择了阴柔，但我并不知道阴柔的感觉是怎样的，所以我只能勉强挪动自己的身体到达终点，果然得到一句“不行，你不能通过”。我感到不甘心，凭什么我做不到，我一定要做到，我一定要成功。我不断地尝试，不断地努力，在别人都在庆祝过关的时候，我一遍又一遍地练习着“阴柔”。当我再一次挑战的时候，我看着那些挡在我面前的人，好像是我心里一道道难以跨越的坎。我听见自卑的我在说：“你不行，你做不到的，放弃吧。”我看着他们，看着自卑的我，告诉我自己：“你可以的，伊利，你要相信自己！”最后，我终于听到了那句“恭喜通过”。这是我人生的转折点：我开始拥有了这份自信，渐渐地我已经能毫不怯场地在台上跳舞、演讲。过去那个自卑的我，被我深深埋在了心里，他现在只能不断提醒我：现在的我是多么耀眼。

走下演讲台的伊利

在我成长的路上，还有一个转折点，那就是我第一次成为营地助教。我又紧张又兴奋。一天晚上，有一个“给自己欣赏的人写一封信”的活动，我负责的小组的孩子们一起给我写了一封信，有一句话写道：“谢谢你的认真付出，我们爱你。”看到这句话的我直接哭了出来，原来这就是被人喜欢、被人信任的感觉。我曾羡慕那些优秀的助教，羡慕他们能够自信地绽放自己；羡慕他们能像夜空中闪亮的星星一样，照亮别人的人生。而当我读到那封信的时候，我发现原来自己也是那星星，那颗能够照亮他人的星星。

我相信我在未来能成为一名青年导师，能够帮助到更多的人。或许，我不是满天繁星中最亮的那一颗，但我相信，即使微弱的光也能照亮很多人。

我是伊利，我相信我可以，我是最棒的自己！

从伊利的故事中，我们发现，当青少年的自尊水平不断提升，积极自我的品质也逐渐呈现出来。随之而来的自信、自我价值感、积极的自我评价，以及对于未来的目标感都开始进入正向循环。青少年的高自尊水平随着一次次的强化而稳定下来，即使在生活中出现了压力和挑战，他们也不会轻易否定自己、放弃努力，而是会积极寻找解决方法。失败和挫折并不能让高自尊水平的青少年认为自己没有价值。由此可见，自尊是青少年形成积极自我的关键，提高自尊则是青少年获得幸福人生的必修课。

四、如何帮助青少年建立积极自我

帮助青少年建立积极自我的品质是一个系统工程，需要来自家庭、学校、社会全方位的支持。那么具体如何做呢？我们将从影响积极自我形成的两大关键要素：自我效能感及自尊水平这两个方向，结合家庭、学校及社会三个维度来阐述以下三种帮助青少年建立积极自我的方式。

1. 增加青少年对成功的体验

积极青少年一般情况下自我效能感以及自尊水平会比较高，而自我效能感是青少年对自己与环境发生相互作用的效能的主观判断，是以青少年的亲身经历获得的直接经验为依据的。高自尊水平的建立与青少年周围人、事、物互动产生的积极的自我评价有关键的联系。

作为家长和老师，在帮助青少年成长的过程中，首先要学会放手。鼓励孩子做一些力所能及的事情，比如简单的家务，帮助家人完成某个小任务等，或者有意创造一些小挑战让青少年去尝试，并付诸一份信任，给予青少年体验的机会，会让青少年在成功完成一件件小挑战时，逐渐形成对于自我效能感的正向认知以及高自尊水平的状态。

因此，不论是家长还是老师，都要尽可能多的给青少年提供丰富多元的体验机会。我们要意识到，每个青少年都有自己独特的人格特质，也有与众不同的兴趣爱好。当青少年能够找到自己热爱的事情，这份热情会促进成功体验的实现，而我们要做的就是尽可能给孩子创造多元的体验机会。在不断尝试不同的事物，获得不同的成功体验的过程中，青少年会逐渐找到积极的自我。

十三妹：成长路上，有你真好！

我2018年开始参加营地。之前的我害羞胆小，连自己想当钢琴家、艺术家的梦想都抛诸脑后。爸爸妈妈找我谈话的时候我也始终低着头，一声不吭。接连几次考试失利，让我脆弱的内心再次跌入谷底。从此我不愿好好学习，也不再练钢琴，我的世界沉入黑夜。

很幸运的一次机会，我与爸爸妈妈来到了“天生骄傲”营地。那里的天使老师像妈妈般拥抱了我。三天的课，让我懂得了自信、勇敢、相互给予；短短三天，让我在内心的生死较量中意识到原来我没那么差，我从未被忽略。我问自己：我还要再这样消沉下去吗？我一定要站起来！在互动的“立志”环节，我夸下海口：我要振作精神，考入全年级前20名，我要从“学渣”逆转成“学霸”。今天，我自豪地告诉大家，我做到了！

转眼间又到了暑假营地——“志行天下”。在这里，我要徒步16公里。山路漫漫，烈日炎炎，自小体弱纤细的我，能做的只有坚持，不停地向前走。当我疲惫不堪时，就对自己说：你一旦松懈一次就会有第二次、第三次，乃至最后放弃。我咬紧牙坚持着，默念：向前走、别回头，下一站就是最美的风景！最终，我完成了这次徒步，我战胜了自己。

在“天使领袖”营地，我挑战了自己内心的自卑和恐惧，我的自信心和口才一下子好到爆棚，俐齿伶牙、出口成章。在毕业挑战中，我们需要分组打工挣钱。我们小组找了许多家店都被拒绝，穿梭在大街小巷的我们汗流浃背，但我们没有放弃，终于被一位好心老板收留。我们格外珍惜，也学会了迎接客户，扫地、拖地、擦桌子、洗碗……一天的工作，我们腰酸背痛腿抽筋，但从那天起，我们都感受到什么叫作“劳动最光荣”，也体会到了爸爸妈妈挣钱的不易。

分享中的十三妹

在“彩虹周末”课和营地老师的帮助下，我的成长也是飞速的。尤其是彩虹周末让我忘记一周的压力，感到无比开心和绽放；营地老师督促我完成学习计划，给我信心和勇气，让我从烦恼和情绪里解脱出来，学习越来越好，次次考试成绩名列前茅。中考我报考了西安音乐学院附中，鳗鱼老师多次与爸爸妈妈沟通，鼓励他们支持我。最终，我以优异的成绩被录取，此时的我终于和曾经那个要身披彩衣、翻山越岭寻梦的自己相匹配。

十三妹从“学渣”到“学霸”的逆袭之路，从爸爸妈妈为她提供的一次特别的体验机会——接受营地教育开始，在营地课程和老师的帮助下，在各种严峻的挑战之中，十三妹不断提升自我效能感，终于一步步实现了自己的目标，完成一场华丽的蜕变。

2. 增加青少年的同伴力量

替代性经验是青少年通过观察和自己能力水平相当的人的活动，从而获得的对自己能力的一种间接评估。它使作为观察者的青少年相信，当自己处于类似的活动情境时，也能获得同样的成就水平。我们可以帮助青少年建立起高质量的社交圈子，使青少年通过同龄人之间的互动，发展对于自我的积极认知，从而建立起积极的自我效能感和自尊。

比如在营地教育中，会设计很多团队和同伴互动的体验，从而帮助青少年获得更多的机会去看见同伴的突破，聆听同伴的故事，并从不同的团队挑战中增加和同伴之间沟通深度，帮助青少年从多角度看到和自己情况类似的同伴成功经验，进而往自身迁移，获得自己也能做到的信念，提升自我效能感及自尊水平。

3. 语言的引导

语言的引导指的是可以通过指导、建议、解释及鼓励等言语行为帮助青少年建立积极自我。常常获得外界关心和支持的青少年，他的自我效能感就会增强。人们对自身能力的知觉在很大程度上受周围人评价的影响，尤其当评价来自于有威信的及对个体来说比较重要的人。

不论是在家庭、学校，还是在营地，我们都需要注意的是，青少年对于成人的语言，尤其是自己比较信任的人的语言会非常在意，我们每一个小小的评价，对于青少年来讲都很重要。所以作为父母和老师，需要注意和孩子的沟通方式与内容，多给予鼓励、赞美和正向引导。

烟烟罗：成长虽痛，但成就了更好的自己！

在一天强过一天的危机感中，我从小学升入了初中，而我的生活也随之发生了翻天覆地的变化：我的人际交往出现了很大的问题。我总会被学校的一些孩子无缘无故地欺负，甚至会有人诋毁我，造谣我，让大家都讨厌我，不要和我玩。一开始我还解释解释，但是最终我选择了隐忍，装作什么也不知道的样子。因为我怕惹出事情，怕父母不理解，更怕那些人在背后继续恶言相向。我心里委屈、难受，想发火，却连个倾诉的人都没有。没有办法我只能更加努力去学习了，我以为只要我足够优秀他们就会停止一切。但是最后并没有换来什么，我也不再有学习的热情，成绩也越来越差。有一天我实在撑不住了，求妈妈请了病假，再也没回学校。从那以后我变得异常敏感，我觉得我是一个逃兵，每天都陷入怀疑与自我否定之中。我无数次想着以前的事情，把别人所犯的错误全部归结到自己身上。我封闭自己，不敢出门，因为我感觉所有认识我的人都在笑话我，他们看我的眼神都是嘲笑。甚至在家里我都感觉自己格格不入，任何一点风吹草动都让我觉得我又沦为了别人的谈资。我很想逃离，逃离家庭，逃离社会，逃离人。我与这个世界，断联了。

有句流行的话，叫“那些打不死我的都将让我更强大”。以前我觉得这句话纯属鸡汤，毫无意义。直到有一天，我遇到一群不一样的人，他们和我一样大，但是他们好像会发光，散发着一种光彩照人的光芒，这束光一下子就吸引到了我，他们就是营地中的助教团。看着那些助教在台上展现自己时的样子，我特别羡慕，我听他们自信地说着自己的曾经，自己的改变，自己的现在，心里突然萌生出一种想法：是不是……我也可以？我也可以度过迷茫，我也可以自信地上台，我也可以敢于交际。那时我就下定了决心，我也想变成那样发着光的人。

这颗小小的种子在我心底慢慢种下了。总有人会变得优秀，那这个人为什么不可以是我呢？从此以后我开始去改变，参加各种课程，面对很多我曾经不敢面对的挑战。还记得在“领袖营”时，我竞选“国王”失利，情绪崩溃了两次——我准备了那么久，鼓起了那么大的勇气去参选，可我失败了。当时的我心里满是怨怼，我还是太脆弱了，一点点困难就能把我击个粉碎。我只会逃跑，以为这样困难就追不上我。

当我哭得撕心裂肺时，我的天使老师在旁边陪着我，她非常有耐心地开导我、安抚我的情绪。我在学校被欺负的时候也是多么渴望有人能站出来关心我、为我撑腰啊。而今天我遭遇现实打击的时候有一位老师带着温暖来到我的身边，我感觉到从未有过的感动。我哭，她陪着我哭；我不想吃饭，她也不去吃饭，她用炽热的眼神看着我，坚定地告诉我，我没问题！

她给我讲了成年人的世界是什么样子，告诉我以后还会遇到多少坎坷，而我现在所经历的，在成长的道路上连一颗小石子都算不上。听着她的话，我很受启发，我终于明白，成长既然是痛苦的，那我必须要经历这种痛苦。从那以后我变成熟了，不再回避社交，学着体谅父母，学着勇敢，学着自信，学会长大。

演讲中的烟烟罗

深究营地对于我的意义，那就是有一群人，从最初帮我建立与世界的链接，帮我从阴霾中走出来，到现在引领着我逐渐成熟，帮我成长，都是这些人在陪着我、看着我。这些人是我青春年华里最灿烂的光。在他们陪我的成长中，我比我想象得更好。每当我超越极限，就重新定义了我自己的生命，那些打不死我的，都将让我更强大！

烟烟罗的成长中，语言的力量和同伴的积极影响帮助她走出了内心的阴霾，从而正确认知自己，正视自己当下的处境，最终一步步走向自信，成长为一名积极自我的开朗女孩。

青少年发展出积极自我的品质，他们的生活会由此展开精彩的新篇章，不断书写生命中的无限可能。在他们的世界里没有黑暗，因为自己就是一束光，激发着自己，也照耀着他人。在他们的世界里没有真正的阻碍，因为每一次跌倒都是再次奔向自由的养分。

本章要点

1. 机能健全者具有经验的开放性、存在主义的生活方式、信任自己的机体、富有自由感、高度创造力五大特点。
2. 自我效能感与自尊水平是青少年积极自我形成的关键要素。
3. 帮助青少年建立积极自我可以通过增加成功体验、增加同伴力量、语言引导等方式。

第四章

“心流”——青少年的积极投入

只有学会掌控心灵的人，才能决定自己的生活品质。

——美国心理学家米哈里·契克森米哈赖（Mihaly Csikszentmihalyi）

篮球少年张家城

广东云浮的13岁独臂男孩张家城，因一段打篮球视频在网上走红，不仅让国内篮球名宿纷纷点赞，邀请他到场看球，还吸引了NBA球星库里的注意，库里在社交媒体上发帖寻人：“这个孩子是谁？帮我找到他。”

5岁时，张家城因为一场意外失去了右臂。不过，他并没有一蹶不振，反而以乐观的态度面对。11岁那年，他与篮球结缘，从此开启了追求篮球梦的旅程。他曾在电视上看过科比、姚明、库里这些NBA巨星征战球场的身影，他非常向往这种在球场上自由追逐的感觉。从接触到篮球的那年暑假开始，张家城的课余时间几乎都被篮球填满。不论是学校里的塑胶操场，还是村里的水泥广场，抑或是家里狭窄的客厅，都有张家城练球时挥洒的汗水。一只手打球有多难？对于一般人来说，如果只允许用一只手，别说是精准投篮和胯下运球，就算是控球和保持身体平衡都成问题。可对于张家城来说，一切都如此自然。他说："接触篮球后，我变开心了，也自信了，摸到了篮球就不想放下，拿起来有一种兴奋的感觉。"对于张家城来说，只要手里有球，坑坑洼洼的泥地也可以是万人瞩目的球场；只要心中有筐，墙上的破烂对联也可以是光芒万丈的篮板。如今，张家城已经注册为广东省青少年运动员，"打更多的比赛、让更多的人看到自己"是他目前最大的理想。

这个少年不管是在未来的某一天如愿以偿，站在篮球赛场上创造超越前人的奇迹，还是终其一生都没能实现理想，到老也只是一个普普通通的篮球爱好者，他身上的光芒都在闪耀。肢体的残缺没有击败这个倔强的少年，他选择了努力，选择了用不屈的信念点亮灰暗的人生。他打篮球认真投入的状态，打动和激励了很多人。

不同的人在不同的领域和活动中都可能会达到这种"忘我"的状态。有人在练习瑜伽的时候，意念被集中在一呼一吸，专注于身体各个部位，尝试放松身体，很容易忘记时间；也有画家说，从早上到画架前，结束时出门一看，天都黑了，从艺术世界切换到现实世界时，那一瞬间，有明显的愉悦感，看周围彷佛都美好了许多。那么，怎样才可能产生这样的"忘我"状态呢？

一、心流

1. 积极投入产生心流

如前所述，我们很多人在做一件事情的时候，都可能有过这样的经验：由于过于沉浸其中，忘记了吃饭、睡觉，甚至会忘记外物的存在，我们常常用"忘我"这个词来形容这种状态。这种忘我的状态也被称为积极投入。所谓积极投入，其实就是一个人在做事情的时候，有选择地进入一种主动自觉的模式，主动屏蔽干扰信息，将注意力保持在当前目标上的状态。这种沉浸忘我地投入到某项活动中去的能力，能够提升个体的自我觉察和管理，提高个体做事情的效率，从而提升成就感和幸福感。美国积极心理学家米哈里·契克森米哈赖教授通过对数百位从事各种活动的人的访谈，总结了他们的经验后，提出了一个概念——"心流"。心流体验（flow experience）也被翻译为福流体验、沉浸体验，是指一个人积极投入到所做的某件事情中时，达到的一种忘我的状态。这种状态让人感觉到充实、兴奋和满足。

"心流"之父、美国心理学家米哈里·契克森米哈赖

2. 处于心流状态的感受

挑战的痛快

在一场颇具挑战性的营地中，一名学员这样描述自己完成挑战后的感受："当我全身心地投入去突破自己的时候，我竟有一种非常痛快的感觉。等到结束的时候，再回顾自己所做的一切，那种佩服自己的感觉简直无法形容。它带给我一种狂喜，一种自我满足。只要在这场战役中战胜自己，人生其他战场的挑战，也就变得容易多了。"

通过这名学员的描述我们发现，他在挑战自我的时候即处于这种心流状态。契克森米哈赖认为，人处于心流状态时，“像一名水手，握紧鼓满风帆的缆索，任凭海风吹拂发际，感觉船只破浪前行的愉悦——此时帆、船、风、海四者，在水手的血管中产生了一种和谐的共鸣。又像一个画家，目睹画布上的色彩构成互相吸引的张力，在惊讶不已的原创者眼前形成崭新生命时的感觉。它还像一个父亲第一次见到孩子对他报以微笑时的喜悦”。积极心理学研究者赵昱鲲博士这样描述心流状态：“你进入了心流状态，那就不一样了。你所有的注意力都集中在当前的任务上，你所有的心理能量都在往同一个地方汇聚，那些跟任务无关的念头都被完全屏蔽，甚至包括你对世界的意识、对自我的感知，更不用说对别人评价的患得患失、对物质得失的精心计算，都消失得无影无踪。你并不是只有一个念头，你的大脑仍然在高速运转，但是所有这些念头都是非常有规律、有秩序的，就像一支纪律严明的军队，组织得井井有条。它们一起高效率地去完成一个任务。这时候，心里的念头就像一条钢铁洪流，浩浩荡荡并且井然有序，势不可当又能从心所欲，喷涌而出但不四处洒落，而是汇聚成一条水龙，冲荡开一切泥石沙砾，创造、奋斗、整合。你不需要特意去控制这个过程，但一切又都在你的控制之中。”契克森米哈赖在《心流：最优体验心理学》中讲了“庖丁解牛”的故事。他认为，庖丁在解牛时注意力高度集中，技巧几近完美，动作合乎自然，最终呈现的技艺出神入化，这种状态已经进入心流状态。当一个人积极投入到一件事情的时候，能够达到一种忘我的状态，而且伴随着心流产生的同时，会有高度的兴奋感和充实感。

二、青少年拥有积极投入的重要性

一个人在青少年时期的成长奠定了他人生的底色。这一时期，如果能够形成正向的价值观，对自己有信心，能够感受到这个世界的规则和逻辑，养成良好的习惯等，都会从各方面影响一个孩子的成长。积极投入的能力事实上可以提升孩子的自尊水平，也能够激发孩子的创造能力。

1. 积极投入增强青少年的自我效能感

在圆满实现预期目标、完成任务后，青少年能够从中获得较强的成就感，也能找到一种掌控感。这会进一步激发青少年的成就动机，让他们产生“心流”状态，从而带动其他领域的发展，逐渐实现扬长避短、全面发展的目标。美国积极心理学家大卫·谢尔诺夫（David Shernoff）等发现，具备积极投入能力的人，在处于积极投入的状态中时，会因为接受了挑战、发展了新技能而感到做某件事“得心应手”，这不仅让他们对所要做的事情具备掌控感（从而减少焦虑）、学习表现更好，也能提升他们的自尊感。积极投入能力不仅能使人更高效地完成自己的工作，还能够促进同事之间的关系。对青少年来说，积极投入能力带来的积极情绪，有利于促进其社会交往能力，也能在一定程度上提升他们在社会交往方面的自我效能感。

原来我也可以成为别人佩服的人

珊瑚以前是一个只喜欢宅在家里，不愿意和别人交流的人。因为常常担心自己说不好话，怕说出口的话令人不开心，所以，她索性就少说话。那时的她，觉得和人们交谈好费劲。但是，后来在营地中，她开始羡慕那些敢于表达自己的孩子，她觉得他们像一道道明媚灿烂的阳光，照进了她内心的缝隙。她开始尝试融入他们，去绽放自己，让自己变得和他们一样优秀、一样自信，能够在台上演讲的时候不再紧张得结结巴巴、无缘无故地流泪。

为了能够像其他伙伴那样有表达的自信，珊瑚开始在各种场合锻炼自己，只要有机会上台她都会去把握住，她开始在学校里演讲、开始去当各项活动的主持人……常常背演讲稿和主持稿背到废寝忘食。当演讲和活动结束以后，那种快乐让她逐渐意识到：原来我也可以说得这么好！当积极投入到“说话”这件事情的时候，珊瑚看到了自己的潜能：原来经过努力和准备，自己也可以成为别人佩服的人。

投入地做一件事，当能够在其中收获一点进步的时候，孩子们都可以看到自己的力量。这种“看见”，能够激发他们的自信，让他们相信自己可以做得更好。在营地教育中，其实就是要提供这样的机会和平台，让这样的孩子得到更多的锻炼，看见自己的力量，并将这份自信带回家庭和学校中，从而激发他们获得更多的信心和勇气面对各种挑战。

2. 积极投入激发青少年的创造能力

青少年已经具备基本的问题分析和探究能力，加上其求知欲和想象力，可以说，青少年阶段是培养创造能力的最佳时期。心理学家唐纳德·温尼科特（Donald W. Winnicott）说，青少年是不成熟的，不成熟是青春期的正常状态。不成熟同时是青春期场景中的宝贵的部分，这部分包括了创造性的想法、新鲜的感受，以及对于新生活的观点。而要具备创造力，青少年必须保持对某一个领域的积极投入。大量研究表明，个人的积极投入度与其幸福感、学习能力、学习成绩呈正相关。这也进一步说明，积极投入的能力会进一步影响个体的创造能力。积极投入会使人对某一领域的钻研、探索达到痴迷的程度，使人坚持不懈、废寝忘食，展现出高涨的学习热情和浓烈的学习兴趣，为达成目标和实现人生抱负打下良好基础。青少年的成长动力如果是建立在对美好感受无限向往的基础之上，在兴趣、爱好、寻求美好的动力驱动下，其在寻求目标实现的过程中，就会非常努力地投入时间、精力、行动，尽自己最大的努力来实现目标。

未来化学家

“作不死”从小就很喜欢化学，还经常在家里做化学实验。一开始妈妈担心他的安全，阻挠他。后来阻挠不成，妈妈也就由他的兴趣发展。家里不能做实验，爸爸妈妈把地下室给他当实验室。他不睡觉，妈妈也不敢睡觉，妈妈说：“我要时不时地去看看他还好吗。要是电话打不通，我就特别担心，我总是担心万一有危险，我还可以第一时间送他去医院。”好在妈妈担心的事情从来没有发生过。渐渐地，妈妈也越来越相信他是一个小心谨慎的孩子，知道自己在做什么。妈妈也从焦躁不安变成默默守护。

"作不死"不仅发展着自己的兴趣，学习上也越来越投入，不用父母操心，老师们对他的评价也很高，数理化成绩都是A+，在2019年的一次数学AS考试中"作不死"取得全球最高双满分的好成绩，在2020年英国最高难度的化学竞赛中获得金奖。他的梦想越来越清晰，那就是未来要做化学方面的研究；他的目标也越来越明确，就是希望能被剑桥大学的自然科学专业录取。最近他已经开始为他的申请文书忙碌了。

"作不死"在化学上的投入，激发了他的创造能力。因为投入，他收获了成绩，也获得了更多的自信。这些都在一定程度上让他得到更多的支持和鼓励，他身上的闪光点也被身边的人越来越多地肯定：善良有爱、有梦想、善于思考和研究、不怕吃苦、不贪图享乐、真实执着。在他实现梦想的路途中，这些优点会成为他成功的基础，也会帮助他更大地发挥自己的潜能。

三、如何培养青少年的积极投入能力

当代青少年的思想敏锐、自尊心强，对很多事物都有自己的想法，也愿意去尝试。这一阶段，也是发展他们的积极投入能力的最佳阶段。成年人应该支持他们依靠自身的实践能力和理解能力，经历完整的实践过程，体验快乐与痛苦、成功与失败。这些体验能够激发他们对生活的热情，也能够提高他们的自律和自信。那么，如何培养青少年积极投入的能力呢?

1. 开发兴趣

心理学认为，在兴趣驱动之下，个体会更加积极投地入到任务中，个体的潜能也能得到最大程度的发挥。处于青春期的青少年开始越来越关注别人对自己的评价，在某件事情上的成功，一定程度能够激发他们的信心，这种信心能够增强青少年的自尊，让他们产生积极的自我评价。

某种程度来说，兴趣是需要开发的。获得2017年全球最大教育单项奖一丹奖的斯坦福大学心理学教授卡罗尔·德韦克（Carol Dweck）指出，比起“发现兴趣”（find your passion），“开发兴趣”（develop your passion）更重要。德韦克认为，对一样事物的热情不是被发现的，而是需要被开发的。根据德韦克等人的研究，热情不是被“发现”的，而是逐渐发展形成的。对于兴趣，有“固定兴趣理论”和“成长理论”两种。“固定兴趣理论”认为人们的主要兴趣是与生俱来的，只是等待被发现；而“成长理论”则认为，兴趣会随着时间而逐渐发展。在现实生活中，每个人的兴趣来源是不一样的，有的人的兴趣是在生活中长期形成的，有的人的兴趣是在适当情境下由某一个事物偶然激发出来的。不管如何而来，都要多尝试，尝试才可能让人对某件事情有兴趣。

2. 设定目标

有目标才有方向。如同旅行一样，有目的地，才会去寻求到达目的地的各种路径。哈佛大学的科学家对一群智力、条件等方面都差不多的应届毕业生做了有关“目标对人生的影响”的长达25年的跟踪调查。统计结果显示：有3%的人有清晰且长期的目标，25年都没改变，一直在不懈努力着，他们几乎都成了社会各界的顶尖成功人士。有10%的人有清晰的短期目标，他们大多生活在社会中上层，他们的共同点是，不断按照短期目标前进，成了各行业的专业人士，如主管、工程师、律师、医生等。有60%的人目标模糊，他们能安稳地生活与工作，但都没有什么特别的成绩。剩下27%的人没有任何目标，他们基本上都生活在社会的最底层，常常生活不如意或失业。目标可以激发人的动力，像灯塔一样，引导人一直往前。

如果没有目标，走哪条路都无所谓

爱丽丝：“请你告诉我，我该走哪条路？”
猫：“那要看你想去哪里？”
爱丽丝：“去哪儿无所谓。”
猫：“那么走哪条路也就无所谓了。”

——刘易斯·卡罗尔（Lewis Carroll）《爱丽丝漫游奇境记》

猫与爱丽丝的对话说明当一个人没有明确的目标的时候，别人也无法帮到你。设定目标需要注意的事项有如下两条。

目标的设定要有计划。明确每个时间段的任务，调整好状态去面对接下来要做的事。这样可以做到完成任务时有条不紊、心中有数，容易产生积极投入的心流状态。具体做法是可以给自己拟定一个代办事项清单，贴在自己的桌面上，完成一项就勾选或划去一项；或者针对专项任务，把重要任务放在精力最旺盛的时候完成。

所设定的目标需要有挑战性。当挑战太大高过个人的技能时，就容易产生焦虑；当已有的技能高过个人设定的目标时，又容易产生厌倦。只有当挑战与个体的技能匹配时，才最容易产生积极投入的心流状态。

3. 提升注意力

青少年的注意力水平处于不断发展中。获得专注的方法有很多，如下三种是比较适合青少年的。

一是合理规划注意力。心理学研究表明，大脑从一个任务切换到另一个任务的时候，会产生切换成本。切换成本过大，会使大脑疲于应付、反应变慢，注意力难以集中。降低切换成本的方法是在两项活动之间划分清晰界限。例如，做完某件事情之后做一件简单但有仪式感的事情，比如说三声“做完了，我真棒”，然后再去做其他事情。

二是主动减少外部刺激和干扰。在平时学习过程中，当出现注意力偏移或者分心的时候，可以把引起分心的事物记录下来，在后续的活动中主动规避这些事物，如通过把手机静音、关闭推送提示等避免手机的提醒信息干扰注意力。

三是要有休息时间。当感觉自己精力不济、难以保质保量地完成任务时，最有效的能让自己再次集中注意的方法就是休息，给自己一点时间重新调整，再次集中注意力才会更容易。一项在我的调查显示，导致我国青少年注意力难以集中原因的两大内因是睡眠不足与疲劳。劳逸结合才能使注意力与学习效率获得良性循环。

4. 给予即时的反馈

美国心理学家赫洛克（E.B.Hurlook）做过一个实验，他把被试者分成4组。第一组为激励组，每次工作后给予鼓励和表扬；第二组为受训组，每次工作后对存在的一点问题都要严加批语和训斥；第三组为被忽视组，每次工作后不给予任何评价，只让其静静地听其他两组受表扬和挨批评；第四组为控制组，让他们与前三组隔离，且每次工作后也不给予任何评价。实验结果表明：成绩最差者为第四组（控制组），激励组和受训组的成绩则明显优于被忽视组，而激励组的成绩不断上升，学习积极性高于受训组，受训组的成绩则有一定波动。这个实验表明：及时地对学习和活动结果进行评价，能强化学习和活动动机，对工作起促进作用。在反馈的时候，适当激励的效果明显优于批评，而批评的效果也比不闻不问的好。这一结论被称为“赫洛克效应”。“赫洛克效应”指导了教育领域的工作，比如在学习中教师给予学生即时的反馈，即时反馈比远时反馈所产生的激励作用更大。当然，在游戏中也利用了这个效应，很多玩家之所以沉迷于游戏，就是其中的即时反馈起到的作用。

在教育中，反馈的目的在于缩短学生所在的“此地”和他们要去的“彼地”之间的差距，即缩小已有知识与能力同未来想要或需要的知识与能力之间的差距。学生得到了即时的反馈，就能够清楚自己现在所处的阶段以及要达到的阶段。其中特别需要关注的是，即时反馈能够帮助学生在做事情的时候更加投入。原因在于，即时的反馈能够消除个体在执行任务过程中的不确定性，个体明确自己可以通过反馈随时调整自己的方向以减少失败的可能，这也能够减轻焦虑，让个体更加有动力投入到所做的事情中。

如何才能让自己所做的事情得到即时反馈，以获取更大的动力呢？最常用的方法就是对自己的目标进行管理，拆解目标，每一个小目标达成后，可以给自己一些奖励。这样，完成一个小目标就收获一个小反馈，当这些小目标完成以后，大的目标也就达成。即时反馈能够让我们在做事情的时候不断地投入到新的小目标中，明确自己所做的事情的方向是正确的。这种状态，也能激发个体对所做的事情的信心，对自我产生更多的认同。

5. 积极的家庭教养环境

积极的家庭教养环境能够促进一个人做事情时的积极投入。如果父母能够温情地对待孩子、接纳孩子，让孩子知道父母对他的期待，及时表扬子女的成绩；给孩子设定一定的标准，同时引导他们实现目标，对目标实现的进程进行监督，确保孩子能够完成；给予孩子一定的独立和自主空间，让孩子尽量自己完成，尤其对青春期的孩子来说，给他们发言权，让他们自己决定如何才能更好地战胜挑战实现目标；让孩子能够感受到父母在乎自己、重视自己，对自己所做的事情感兴趣，支持自己所做的事情；孩子不用担心失败被父母指责……这样的家庭教养环境能够培养孩子的心理自主能力，这种能力也能够促进孩子积极投入能力的提升，帮助孩子在做事情的时候获得更多的心流体验。

本章要点

1. 心流体验是指一个人积极投入所做的某件事情中时，达到的一种忘我的状态。这种状态让人感觉到充实、兴奋和满足。
2. 积极投入能够增强青少年的自我效能感，激发他们的创造能力。
3. 开发兴趣，设定目标，提升注意力，给予即时的反馈，以及拥有积极的家庭氛围有利于青少年积极投入能力的提升。

第五章

不畏风雨——青少年的心理韧性

生活就像海洋，只有意志坚强的人，才能到达彼岸。

——卡尔·马克思（Karl Marx）

一、何为心理韧性

逃避的孩子

小奥是一名男生，学习成绩非常好，一直在班里名列前茅。从小到大，小奥都非常听话。初二的某天早晨，小奥突然不愿意起床。妈妈好不容易把他从床上拽下来，塞进车里。刚一上车，小奥就说自己肚子疼，不想去学校。听到突如其来的“肚子疼”，妈妈根本不相信，一路开车送孩子到学校。到了学校门口，小奥磨磨蹭蹭就是不想下车，但是看到妈妈严厉的眼神，还是走向了学校。

下午放学的时候妈妈去接小奥，左等右等都没有等到，于是给老师打电话，才知道小奥竟一天都没有到校。妈妈着急了，到处找小奥，终于在家门口附近的网吧里面找到了。小奥竟然逃学了，去网吧玩了一整天游戏。妈妈气得在网吧里把小奥狠揍了一顿，连打带骂地把小奥拽回了家。

小奥非常难过，从此不再去学校。无论爸爸妈妈用什么方式都没有用。小奥在家，每天晚上玩游戏、白天睡觉。就这样过了三个月，小奥的精神越来越差，和爸爸妈妈也不再交流。

爸爸妈妈实在无法忍受了，带着小奥走进了心理咨询室。原来，小奥说肚子疼不想去上学，是因为前一天由于作业做得不好在班里被老师批评了，课后同学们还接二连三地嘲笑他。这让小奥的自尊心大受打击，他再也不愿意走进校园。

面对老师的批评、同学的嘲笑，小奥无法释怀，敏感的小奥无法把内心的委屈和苦闷向父母倾诉，他能选择的只有逃避——逃避到游戏中，逃避进自己的世界里。

这一小小的困难对于初二的小奥来说，是他十几年人生中第一次巨大的挑战。老师的尖锐批评、同学的恶语相加都让一直顺风顺水的他不知如何应对。到了青春期的少年开始拥有对自己的认知和定位，他的内心里充满了对自我价值的追求与认可。他希望自己被老师和同学认可，希望自己能够得到父母的理解与支持。可是在面对困难的时候，他却没有足够的能力去支撑他的渴望，比如安慰自己的能力、正确看待批评的能力、应对人际压力的能力、调整行为的能力、面对现实的勇气等。困难于他而言犹如人生中无法逾越的鸿沟，他甚至连看那鸿沟一眼也不敢。

对于像小奥这样处于青春期的孩子，他们面临的压力来自方方面面。例如在学习方面，一项中小学生学习现状的调查显示，有26.4%的中小学生感到自己的学习压力过大。成长的道路上难免遇到各种各样的困难，青少年需要拥有强大的内心来应对，这就需要青少年的心理韧性。

美国心理学会对心理韧性的定义如下：心理韧性是个体面对生活逆境、创伤、悲剧、威胁或其他生活重大压力时的良好适应过程。心理韧性意味着个体从困难经历中恢复过来。这一过程性定义，既包含韧性是对抗逆境和创伤等应激的一种良好适应能力，又包含从逆境和创伤中恢复过来的一种成功应对结果。可见，心理韧性有两个核心要素：个体面对应激时的良好适应（能力）和成功复原（结果）。美国著名管理学家鲁森斯把韧性纳入心理资本范畴，他认为，韧性是当一个人身处逆境和被问题所困扰时，能够持之以恒、迅速复原并超越，最终取得成功的能力。

青少年时期是个体心理能力发展的重要阶段。然而，他们在经历生理、心理的成长压力与强大的学业压力的同时，还要面临各种各样的人际压力，包括人际冲突，甚至校园霸凌。种种压力不仅容易使青春期的孩子感到失落、无助，还可能对自己产生极大的怀疑，降低其自尊和自我效能感，觉得自己一无是处，甚至导致抑郁。

因此，培养青少年的心理韧性对于其人格成长和提升社会适应能力具有深远的意义。心理韧性能让青少年在面对困难的时候积极应对；能让青少年在面对压力、逆境和伤害时迅速恢复心理动力去应对，并且将这些负性事件当作成长和超越平凡的机会；在已经取得成功之后，还能让青少年拥有继续挑战的信心和与之匹配的行动。

二、心理韧性的主要成分——“4C模型”

英国心理学家道格·斯特理查吉克（Doug Strycharczyk）和彼得·克劳夫（Peter Clough）将心理韧性分为4个主要成分，也称为“4C模型”。分别是：

- 挑战（Challenge）——将挑战看成一种机会；
- 自信（Confidence）——拥有超强的自我信任感；
- 承诺（Commitment）——能够专注于完成任务；
- 控制（Control）——相信自己能够掌控命运。

发展心理韧性是一项非常重要的生活技能。心理韧性的“4C模型”可以很好地预测青少年生活的方方面面，包括幸福感、学业成就、参与行为、同伴关系、欺凌行为、坚持等。心理韧性水平越高，青少年的积极行为就越多。他们会抱着“我能行”的心态更有效地进行团队合作，更积极地参与班级和学校活动（如提问、讨论、做志愿者等）。心理韧性水平高的青少年也更容易与他人建立关系并友善相处，同时，他们更能坚持、更易取得好成绩而且更快乐。

1. 挑战

挑战分为两个部分。一部分是对变化和新经验的看法。有的青少年会觉得挑战是一种威胁，他们会因为这种未知而感到不安，尽可能地避免某些事件的发生，让自己待在“舒适区”里。而另外一些人则会不断地追求新的体验，形成新的经验，认为冒险是有趣且令人兴奋的事情，他们更愿意把挑战看成一种机会，一种学习和自我成长的途径。

挑战的另一个部分是个人对于事件的处理结果和拓展自我的方式。内心坚韧的青少年会从每个结果中学习和成长，无论这个结果是成功还是失败。即使在遭遇失败的时候，他们也会想：“虽然这次没有成功，但是我从中学到了很多的东西。”他们还可能会想：“我知道这次哪里没有做好，下次我可以做得更好。”而内心比较脆弱、心理韧性比较低的青少年可能会想：“这么糟糕的结果，我可不想再经历一遍。”

挑战对于很多青少年而言是很有魅力的。适度的挑战可以让他们觉得自己“长大了”，可以让他们觉得这个世界没有那么恐怖，很多事情都没有那么难。

2. 自信

拥有高自信的人始终相信自己能够达到目标，做到自己想做的事情，哪怕是能力差不多的两个人在面对同一件事情的时候，高自信的人也会认为这件事情相对简单；他们能够面对挫折，即使在不利的情况下也能够保持头脑清醒，甚至行动会更加坚决和果敢。而低自信的人则会觉得事情很难，极易陷入无法胜任的担忧与焦虑中无法自拔。

对于青少年来说，自信尤为重要。他们在这个阶段需要完成自我同一性的任务，即明晰自己是什么样的人，能做成什么，不能做成什么；喜欢什么，不喜欢什么；哪些事情特别擅长，而哪些又很困难。他们向往“无所不能的英雄”，渴望自己也成为那样的人。但现实却与幻想大相径庭，遇到挫折无法战胜对青少年的自信打击是极大的，他们很容易变得自卑、胆怯和不知所措。

自信通常分为两个方面，一是能力自信，二是人际自信。能力自信指相信自己拥有尝试和完成某项任务或活动的能力，即使任务很难，或者过程中可能遭受挫折。人际自信是指相信自己能够处理好那些可能影响任务的言语挑战，包括在困难出现时能够处理好质疑和负面评论，在面对异议时能够自信地表达自己的观点和立场，不轻言放弃。自信与青少年的生活密切相关，无论是能力自信还是人际自信，都对青少年的社会生活产生重要影响。

3. 承诺

承诺和遵守承诺是人际交往的重要方面。每个人在人际交往的时候，都会去判断对方是否可靠，是否值得信任。承诺会影响行为表现，尤其是在团队或者小组里面。如果一个人在团队中不太做出承诺，那么合作者可能就会认为这个人不值得支持，而这种不支持本身就会降低成功的概率。

在个人的心理韧性部分，承诺代表着目标。勇于承诺的人会审视目标，如果目标可行就会朝着这个方向努力，并且尽可能地达成目标。即使有阻碍出现，也不会影响他对于目标的渴求。而对于另一部分人来说，目标可能是一种威胁，会引发恐惧、焦虑甚至心理瘫痪，他们会选择逃避或忽视目标。若一个青少年无法明晰承诺对于自身的意义，并且没有与之匹配的目标，则预示着他无法拥有相应的行动，更无法进行反思和计划。具体到生活中，他们可能会把自己的学业当作他人的事，把完成目标看作是非常痛苦的事情，这样自然难以取得更好的成绩和人际关系。

4. 控制

对心理韧性而言，控制包括两个方面：生活控制和情绪控制。

生活控制水平比较高的青少年会认为成功源于自身和自己对任务的态

度，因而只要他们态度积极，就不会失败。他们的内在信念很足，通常并不需要他人的证明、鼓励和支持。他们是很好的时间管理者，通过合理的计划、统筹和组织使得生活和工作更有效率。在面临额外任务的时候，他们也更乐于接受，并且认为自己能够做好。通常他们的态度更加积极，更容易看到解决问题的办法，而不是只看到问题本身所带来的困难。

生活控制水平低的青少年则缺乏内在信念，他们更倾向于寻求他人的支持和鼓励，也更依赖其他人或者群体。他们只有在处理单一事件的时候才有效率，如果有额外的任务，就会感觉焦虑不安，觉得无法成功。同时，他们还非常容易责怪自己的失败，并且很容易为自己的失败找借口、推卸责任。

情绪控制反映了一个人管理自身情绪情感的能力。情绪控制水平高的人在面对应激事件时能够更加从容地面对。他们同时还知道，通过提升身边人的情绪状态，可以改善自己的心情。而情绪控制感低的人则更容易陷入负面情绪中，并且很难恰当地表达自己的情绪状态。

青少年阶段的情绪张力大，并且很难控制。同时，他们对自己强烈的情绪感到既陌生又难以掌控，甚至很容易将情绪看成是一种缺点。因此，青少年们需要学习如何面对情绪、如何管理自身的情绪、如何应对他人的情绪，在学习情绪管理的过程中，提升自身的情绪控制能力，让自己不至于陷入过于激烈的情绪而无法正常学习和生活。

三、青少年心理韧性的培养

1. 提供冒险的机会

青少年对于一切冒险的事情都非常感兴趣，他们可以通过冒险的行为获得同龄人的认可，通过体验冒险让自己有机会看起来像个成年人，当然，他们也可以通过冒险来学习更多的技能与问题解决的方法，让自己变得更厉害。

发展心理学家认为，孩子必须在智力、社会、心理等多个层面感受外在的世界，以获得第一手的体验和感受。当一个孩子在生活中不敢和父母表达真实的感受，羞于在同学面前讲话，不愿意去尝试解答复杂的数学题，不肯尝试阅读晦涩难懂的古文作品时，这个孩子很难发展出高水平的心理韧性。因此，要给孩子提供合适的冒险机会。

“真空中”长大的蜗牛

蜗牛最近遇到了同学们的嘲笑。他凭借优秀的学习成绩升到重点高中的重点班，可是同学们却嘲笑他每天上下学还要父母接送：“瞧你一米八的大高个儿，却还让妈妈接送，你不觉得尴尬吗？你是怎么好意思走到校门口的？连女生都不如，鄙视你。”

蜗牛是在父母的严密保护下长大的孩子，他非常听父母的话，与同伴没什么交流。按照妈妈的话来说：“你只需要好好学习，其他的事情一律不用管。那些学校里的课外活动、学生会竞选什么的都会影响学习。”于是蜗牛一直专注于学业成绩，忽略了生活里的其他方面，学校举办的很多活动他都不敢去参加，只能羡慕其他的同学。

遭到同学的嘲笑之后，他感到非常羞愧，回家就跟妈妈提出要自己上下学，却遭到了妈妈的强烈反对。听到妈妈的反驳，他不敢再提要求，默默地回到自己的房间。

蜗牛只能继续忍受着同学们的嘲笑，久而久之，情绪越来越差，学习成绩也一落千丈。

看到蜗牛妈妈对于已经上了高中的蜗牛上下学的态度，我们就能够想象蜗牛成长在怎样一个密不透风的家庭中。蜗牛遭到嘲笑，却完全没有能力应对和解决，也无法排解自己郁闷的情绪，更没有办法说服妈妈，成为他自己本该有的样子。

父母对孩子的影响是最大的，无论是好的方面还是坏的方面。有些孩子在坚韧的环境下成长，有些则在敏感的环境下成长。当一个孩子在成长过程中经历安全且适当的冒险事件，他就更容易拥有面对困难的勇气，更愿意探索解决问题的方法。像蜗牛这样在“真空”中成长的孩子，他对于外界是极度敏感的，任何一件小事情在他心里都会被放大，他内心的恐惧让他无法拥有足够的自信，以及挑战困难的能力，更无法为自己设立目标，为目标而努力。而另一些在坚韧环境中长大的孩子，他们在不断地挑战中渐渐明晰自己的能力，反思自己的目标和行为，为自己的每一次努力而骄傲，这一类青少年更容易获得下一次的成功。

“幸存者”的骄傲

一项游学课程中设计了这样一堂课：经历徒步走完16公里、又进行36小时的“饥饿游戏”后，孩子们参加了“幸存者晚宴”。晚宴上，一个孩子这样说道：“我从来没有想过我能徒步走完16公里，我更没有想到我会在徒步之后还能完成36个小时的‘饥饿游戏’。此时此刻我觉得自己特别伟大！特别幸福！从小到大，我从来没有挑战过自己，我生活中的每一件事情都是父母帮我安排好的。我甚至从来不知道什么叫饥饿，我只知道我生活中最困难的事情就是学习，做错一道题都会让我心里难受。可是这两天，我却挑战了比做题困难得多的事情！这是我以前想都不敢想的事情，这种感觉太棒了！”

“幸存者晚宴”现场

冒险者更相信自己的判断和能力，冒险者更清楚自己行为的后果，冒险者更欣赏自己和他人，冒险者自信且独立。在徒步和“饥饿游戏”中，青少年们经历了对任务的恐惧、不断坚持下去的勇气和不断受挫之后，他们获得了胜利的喜悦以及对自己的极大肯定。这些冒险对于他们来说意义非凡。这些经历了巨大挑战并且成功的青少年比那些被过度保护的青少年更有心理韧性。

在教育的过程中，我们需要理解青少年们的冒险精神，并且提供适当的冒险机会。要让他们离开自己的舒适圈，去体验不一样的世界、不一样的事件。他们在面对挑战的过程中逐渐变得更有自信，更善于和他人交往，更乐于为团队贡献自己的力量，更明确自己的目标并且为之努力。

2. 和孩子进行更深的心灵链接

在对青少年心理韧性的研究中发现，青少年的重要社会关系人（父母、老师等）通过信任、关注、支持和积极沟通能够与孩子建立更深的心灵链接，帮助孩子提升心理韧性。发展心理学家认为，没有在与他人有良好的链接中长大的孩子，内心会很脆弱，外表却霸道无礼：他们处于多重复杂的矛盾当中。他们既希望自己被他人理解，又不希望自己完全暴露；他们会有非常勇敢的时刻，也会有特别害怕的时候；他们有的时候敏感，有的时候看起来又非常强势；同样地，面对外面的世界，他们既恐惧又想挑战。同时，青少年易冲动的特性也会让他们的一些冒险行为看起来很让父母担心。因此，在青少年教育的整个过程中，理解青少年的这些特性并给予支持，是帮助他们明晰自我、获得安全感的基础。

与青少年建立心灵链接的策略主要有以下五种：

· 用积极的态度去对待青少年，即使他们的行为有问题；
· 帮助青少年克服困难；
· 从青少年的视角尝试理解他们的世界；
· 保持对青少年的好奇，而不是贴标签；
· 多一些肢体的触碰（如拥抱）。

孩子，我相信你

在一堂叫作“选择的力量”的挑战课中，曾经出现过很多不敢面对挑战的孩子。该课要求他们每个人为自己设立一个目标，通过多重难关，最终到达终点。课堂中，每次都有一部分孩子主动选择上台接受挑战，还有一部分孩子则只是观战。

小K，一个初三的男孩子，看起来高高壮壮，眼神中却充满了怀疑与不自信。他选择了观战，全程都作壁上观，似乎那一切都与他无关，而他的妈妈站在离他不远的地方，看起来很失望。

可当小K看到第一个孩子流着泪和汗，克服重重困难，最终来到目的地的时候，他的眼神里开始有光，慢慢地他眼里充满泪水。当其他孩子一个又一个挑战成功的时候，他在台下泣不成声。

老师问他：“小K，你为什么哭？”小K回答说：“我看到别人都在为自己的目标而努力，我却在旁边无所事事，特别惭愧，我不敢尝试，我怕让我妈妈失望。”老师上前拥抱小K，对他说：“我相信你的内心里是愿意努力的，我相信你一定能做到！”小K听到这句话后满脸震惊，他抬起头看着老师坚定的眼神，慢慢地笑了。这时候小K对着所有人大声说：“从来没有人相信我，但今天，我要开始相信我自己——我一定可以做到！”

“选择的力量”课程现场

当我们和孩子的心灵链接足够深入的时候，我们的情感就已经传达给了孩子。就像那位老师，她看到了孩子内心里“要变好”的渴望，看到了小K希望得到肯定与鼓励，她用一个温暖的拥抱、一个坚定的眼神、一句信任的话语给予了小K力量，和他完成了深度的心灵链接，小K将其转化成了“我一定可以做到”的自信。

向孩子传递“我相信你”和“我知道你一定行”的信息，会使孩子更愿意面对困难，并且勇敢挑战。

3. 培养孩子的责任感

每一个心理韧性水平高的青少年都渴望承担责任，成为一个有担当的“成年人”。他们更懂得为他人考虑，更清楚自己在生活中的位置、要面对的现实以及自己能做到的事情。

不守时的小立

小立在同学家玩，和妈妈约好下午4:30一起去游泳。妈妈4:30到了小立同学家楼下，可是小立打来了电话：“妈妈，我们一会还要去小一家，明天我们再去游泳吧？”妈妈无奈地同意第二天再去。第二天下午妈妈提前下班，去接小立游泳，可小立半个小时之后才姗姗来迟。小立妈妈很生气，却也无可奈何。她很怕说了责备的话，伤害了孩子。

小立没有遵守时间，让妈妈连续两天牺牲自己的时间，而迁就他那随心所欲的行为结果。即使是这样，小立妈妈仍然不敢和孩子表达自己的想法，更不敢要求孩子。我们都知道，很多青少年不能为自己的行为负责任，家长会因为孩子的行为伤心、愤怒。可能家长做了所有能够支持孩子的事情，却依然无法换来孩子的一句感激。这与家长的溺爱有关。真正的爱，伴随着为自己的行为负责任；不承担后果的无条件的爱，则无法培养出一个负责任的孩子。小立妈妈的反应无法让小立明白自己的行为给他人带来的影响，更没有让小立为自己的不当行为负相应的责任。而一个无法为自己负责任的孩子，也是无法战胜生活的困难的。

在营地教育中，应为“责任与爱”设置相应的规则与惩戒。这些规则都在告诉青少年：“我尊重你，因此不能帮你承担过错。”同时，也在告诉他们：“你们已经长大了，需要承担起相应的责任。”

木兰老师“以身承责”

在一次游学营地中，木兰老师带领的小组出现了散漫现象：孩子们经常早晨集合迟到，参与课程专注度也不高。木兰老师一直坚定地告诉孩子们规则，却从不指责他们。直到有一天面对团队挑战，几个小组进行比赛，排名垫底的小组由带领老师替代受罚。木兰小组的孩子们由于比较散漫，参加比赛并没有认真投入，不出意外地成了团队挑战的最后一名。木兰老师什么都没有说，直接上前接受惩罚——做俯卧撑。

这个时候，小组的孩子们开始紧张起来，随着木兰老师俯卧撑做得越来越多，越来越累，孩子们一个一个开始流泪……自此之后，木兰小组每一次团队挑战都拿到了理想的名次。

木兰老师以身承责，让孩子们意识到团队的责任。在这个过程中，他们没有经历说教，没有经历批评，却学会了承担责任。

营地学员进行团队挑战

在这个故事中，我们看到的是一群散漫的青少年最终学会了承担责任。他们在与老师建立良好的心灵链接、对规则的敬畏、对目标的渴望以及为小组付出的态度等因素的共同作用下建立了自己的责任感。而这种责任感会让他们更愿意面对挑战，更清楚自己的能力。青少年可以从这些承担责任的事情中得到确认感，这种确认感会支撑他们为后续的行为负责，最终落脚在更大的责任当中，如家庭责任、社会责任。

责任感更能够激发起青少年克服困难的勇气和决心。一名昵称为“主角光环”的孩子在营地中做了一个这样的演讲。

主角光环：少年啊，不要放弃！
因为召唤你的，是整个时代！

我有一个梦想，希望自己成为领袖一样的人。可是，没有人愿意相信我，包括我的父母。我的真心袒露换来的只有别人的冷眼，只有别人的嘲笑，只有别人对我的一万点伤害。于是，我选择了逃避，我选择了躲藏，我选择了为我自己的失败一次又一次地找借口。我当时心里只有一种念

“主角光环”在演讲

头：“你放弃吧！你死心吧！你从生来就应该被别人狠狠地踩在脚下！你就是一个废物！你将会一事无成！”

但是，人们常说：“最美好而又最幸运的事情是在人群中多看了你一眼。”我很有幸，在人群中看见了那一群穿着黑衣服的天使。是他们让我见识到什么是真正的领袖，是他们第一次对我喊：“加油！主角光环，你行的！相信你自己！”从那之后，我开始对自己说：“主角光环，你行的！”我无数次地在脑海里默念着我自己的梦想，我知道我要成为领袖一样的人，我要为我自己而努力。我开始刷题刷到凌晨2点，头晕眼花。我为我自己而努力，就是希望有一天那些嘲笑过我的人在我面前对我说：“主角光环，你挺行的！我服你！”

纵观世界科技，5G在中国，高铁在中国，北斗在中国，蛟龙也在中国，中国正经历着前所未有的科技革命。这个时代的中国，没有战火纷飞，没有暴乱频频，四海长安！这个时代是中国的时代！是我们的时代！

不要放弃！因为你每一个小小的举动，每一个小小的创意、小小的想法都可以改变这个时代，都可能让这个世界变得不一样！慢慢的你就会发现，世界虽大，但是它就在你的手中。

所以，当你刷题刷到两眼昏花的时候，不要放弃！不要放弃！世界在召唤我，时代在召唤我，我还不能就此倒下！

我愿为这个世界、这个时代、为未来的中国付出我全部的努力！

“主角光环”将挫折看作是磨炼自己的必经之路。他从自己的学业看向未来，愿意承担更大的社会责任；他从责任关注当下，愿意为自己的每一天而努力学习。在历经挑战之后，他变得自信无比，敢于承担责任。他学会了为想要放弃的自己打气，最终骄傲地站在舞台中央，向所有人宣告他的梦想与未来。这样内心强大的少年，未来拥有无限可能。

本章要点

1. 心理韧性能让青少年在面对困难时积极应对；能让青少年在面对压力、逆境和伤害时迅速恢复心理动力去应对，并且将这些负性事件当作成长和超越平凡的机会；在已经取得成功之后，还能让青少年拥有继续挑战的信心和与之匹配的行动。
2. 心理韧性的“4C模型”：挑战、自信、承诺、控制。
3. 培养青少年心理韧性的三大方法：给孩子提供冒险的机会、和孩子进行更深的心灵链接、培养孩子的责任感。

第六章

顶天立地——青少年的领袖力

青少年领袖力是未来公民社会性发展所必需的通用素养之一。

——《面向未来：21世纪核心素养教育的全球经验》

一、什么是青少年领袖力

小爽的“商战”之旅

“PVP商战”的参与者小爽勇敢竞选了梦寐以求的“老板”职位。“就职演说”中，小爽自信、坚定地阐述业务规划、前期筹备、团队目标，顺利获得“天使投资”。

起初，团队决定做红包售卖业务，结果成本高利润低，公司很快业绩告急，必须裁员。被迫裁掉自己最好的哥们小酷（小酷的职位为销售，业绩倒数第一）后，小爽向团队成员做出深刻检讨，迅速调整状态，并向“天使投资人”征求建议。在计算了剩余红包成本损耗后，小爽提出转型做手工艺品，因为团队有两名成员擅长雕塑和绘画。可着手生产时又因原料滞后会拖延工期，小爽当机立断与另一家制造业公司签订合同，实行分成制，填补原材料空缺。产品制造敲定后，小爽迅速进行其他业务的分工，会计、销售、设计井然有序投入协作，小爽本人带着新制作的工艺品第一个走上夜市，向路人进行推销。最终小爽团队获得制造业第一名。

小爽在“PVP商战”中有一个明确的目标：带领团队盈利。为了达成这一目标，小爽以突出的沟通力、决策力调用多方资源：团队资源、天使投资人资源、合作伙伴资源。从态度上看，小爽自始至终以身作则，凡事亲力亲为；面对暂时的困境不气馁，及时总结经验教训。从能力上看，小爽的沟通表达力获得天使投资人认可；小爽能根据团队成员优势分工高效协同，获得团队成员的信任，体现了他的决策组织力。从品格上看，小爽敢作敢当，红包业务受挫后，主动向团队成员承认错误；同时公平公正地根据业绩排名裁员，没有偏袒好友。在心理素质方面，小爽展示出优良的抗压抗挫、积极向上的品质，即便团队业务受阻也没有气馁，而是自信勇敢地接受挑战带动团队势能上扬。也正因如此，团队成员被小爽的领袖魅力感召，愿意做其追随者，最终获得第一名的好成绩，成功实现梦想。有目标、有魅力、能感召追随者的小爽在“PVP商战”中的表现淋漓尽致地诠释了青少年领袖力。

青少年领袖力从广义上说就是发挥个人魅力、运用多种方式调用身边资源成就个人及团队梦想的能力。这里涵盖三层意思：首先，青少年领袖力包含了自主选择、确立目标的意识，这个目标可以是个人的，也可以是团队的，即你应该是有目标感、使命感的人；其次，拥有调用资源的能力，即可以吸引到追随者助力你达成目标，拥有良好的组织沟通力、决策力整合身边资源为己所用。最后，如何吸引到追随者呢？发挥个人魅力。魅力本身是能力、品格、心理的综合呈现，具备青少年领袖魅力的人，应该是可以实现自我管理，能够在领袖技能、品格、心理范畴以身作则，并充分自我表现的人，从而作出表率示范，引领追随者。

二、青少年领袖力的关键素养

如前文所述，青少年领袖力就是发挥个人魅力、运用多种方式调用身边资源成就个人及团队梦想的能力。围绕这一概念，结合美国心理学家阿维诺（Aviano）等人编制的“领导能力鉴定检查表”以及领袖力之父沃伦·本尼斯（Warren Bennis）提出的领袖力六大基本要素，我们提炼出青少年领袖力的关键素养主要有以下四方面：自我激励、沟通表达、组织决策、使命感。充分的自我激励、自我表现是发挥个人魅力的基础条件，良好的人际沟通力、组织决策力是调用资源的有效通道，拥有使命感是达成个人及团队梦想的催化剂。

1. 自我激励

身为一个领袖要找到追随者，要激励他人，首先需要的是激励自己，从而以身作则、表率示范。权威调查机构盖洛普的一项涉及110多万人、遍布63个国家的调研结果显示：当一个人所从事的事情处于优势和激情的重合区域，他往往会达到最佳状态，即达到个人的最佳领导区。调查范围内，全球优秀的领袖无一不是这样。

青少年领袖首先需要不断探索自己的优势潜能，去看见更大可能，找到自己的优势区才能更好地实现自我激励，从而以更加饱满的能量激励他人。而激励的前提绝不是盲目自信，也不是无中生有，而是要经历自我认知、自我接纳，最终展现个人魅力。当然人无完人，找到自己的优势区、信心区并不是说就要彻底抛弃劣势区，而是拥有更全面的自我认知，他所确认和悦纳的不只是自己身体、能力和性格等方面的正面价值，而是正视和接受自己现实的一切，不因存在的某种缺点、失误而自卑，从而形成良好的自我悦纳，进而持续自我激励，也才能更好地做表率示范、引领他人。

“音乐王子”电灯泡

刚来营地的电灯泡，曾是个十足的胖子，非常的自卑、沉默寡言。一个偶然的契机，营地导师发现他在音乐上的天分，遂创造机会让其展示。镁光灯、鲜花、掌声、拥抱，让极不自信的电灯泡经历了自己的高光时刻，他开始勇敢朝着自己的天赋优势进发，练声、写词、作曲，电灯泡在音乐道路上看见了自己更大的可能。为了站上更大的舞台，电灯泡努力学习，誓要考取理想学府；他同时开始正视自己的外形条件，凭借顽强的毅力减肥80斤。而今仍在求学阶段的电灯泡，已经完成7首个人单曲，营地只要有他的身影，就会变成一个小型演唱会现场。

电灯泡开唱

电灯泡之所以爆发出惊人的能量，主要是因为他在探索到自己在音乐领域的优势潜能后，不断进行自我激励：减肥80斤，考取理想学府，向着梦想前进，同时也成为更多人的偶像、榜样，激励他人。

2. 沟通表达

世界著名未来学家，《大趋势》的作者约翰·奈斯比特（John Naisbitt）说：未来竞争的焦点在于每个社会组织内成员之间及其与外部组织的有效沟通之上。沟通是获取知识、交流信息、认知自我、集体成长非常重要的一环。现实中，很多青少年害怕社交活动，沟通不顺畅，不敢表达。但被动等待不可能获得支持，要想感召到追随者、调用资源，必须拥有人际沟通能力。有效的沟通表达需要做到以下两点。

（1）自我表达

获得追随者支持的关键在于取得对方的信任，而良好的自我表达是建立人与人信任的重要基础。从广义来说，我们的行为、表情、语言、穿搭以及做出的选择等都是在表达自我。而从狭义上讲，自我表达主要指语言表达，因为它在沟通中最为高效直接。

自我表达有两层含义，一是表己，二是达彼。所谓“表己”，即输出自己的观点、想法等，寻求认同、反馈；所谓“达彼”，是通过感染他人，帮助他人形成自己的观点、影响他人的行为，从而达成领袖愿景。卓越的自我表达力是发挥领袖影响力的基础。

（2）与人合作

卡耐基说：“一个人的成功，15%是靠专业知识，85%是靠人际关系与处事能力。”这里所说的“人际关系与处事能力”实际上就是与人合作的能力。具体来讲，所谓合作，即两人或多人一起为达到共同目的联合行动。“独脚难行，孤掌难鸣”，只有与人合作沟通才能让资源为我所用，促进目标达成。

没有完美的个人，只有无敌的团队。团队中的个人取长补短，相互协作，是达成愿望的重要支持。在小爽的案例中，小爽团队最终能成功，正是因为团队协作，资源调度。团队内部协作体现在根据每个人擅长的领域做了相应分工，如学过绘画、雕塑的人负责设计；对外合作体现在和同类有竞争的公司达成战略联盟，获取原料，实现共赢。这种高效联动，实现了资源最大利用。

3. 组织决策

身为一个领袖要发挥个人魅力，把愿景转化为现实，必须具备执行力、组织力、决策力，调动资源并能合理分配资源，这样才能把理念转化为行动。

组织力的高效协同直接关联行动效率，这对青少年来说是巨大的考验和挑战，需要做到思路清晰、逻辑严谨、目标明确，要时刻有全局观。小爽经历了裁员之痛后，瞄准团队成员优势特点，转而做团队擅长的工艺品，明确设计师、会计、销售分工，使团队高效运作，成果显著。

决策力相当于将兵的统帅，是全局意识、未来意识的体现。良好的决策力应该是从团队整体利益出发，站在全局角度看问题，考虑解决方案。小爽初次受挫后，对是否转型做了一笔计算，发现转型可以抵消红包成本损耗，于是从全局利益出发，当机立断，牺牲红包业务的前期工作付出、成本支出，大胆转投新领域。这体现了小爽的高决策力。

4. 使命感

使命感是目标感、责任感的双向整合，代表着对自我天生属性的寻找与实现，是达成梦想的第一内驱力。唯有具备了使命感，才能将自我表现升华为卓越的团队愿景，才能从小我跳脱至大我，从个人目标延伸至团队梦想。

周恩来总理13岁就喊出“为中华之崛起而读书”，苹果创始人乔布斯曾说“活着就是为了改变世界”。一个人拥有的使命感越强，他的希望也就越强，与之相应的激情也就越强，面对困难与挑战的勇气也就越强。同样，作为青少年领袖，只有具备了使命感，才会升腾起更大的责任感，全面提升自己。面对过程中的挑战、变化、阶段性失败时，才能鼓足勇气，有持续的激情解决问题，朝着梦想前行。

D5维度的公益行

D5维度是一名16岁的阳光男孩。他热心公益、热爱教育，在假期深入山区支教、多次在营地中担任助教，2019年参加深圳市各项义工活动累计时长达60小时，在新冠肺炎疫情期间协助联合百余营地同伴进行线上学习、助力抗疫。2020年，学业繁忙的D5维度在学校组建课题组，研究短期支教课程设计。他还积极和营地导师取得联系，就支教课题研发目标、课程设计进行商讨。从调查问卷到PPT、配音，D5维度都一丝不苟地制作。最终，其课题成果《思维训练3　“分圣果”——对实际分配问题的体验与探究教学设计》获得暑期社会实践项目一等奖。在支教申请表中，D5维度这样写道：“心怀家国理想、直面真实挑战，我正在成为中华民族脊梁的大道上砥砺前行！”

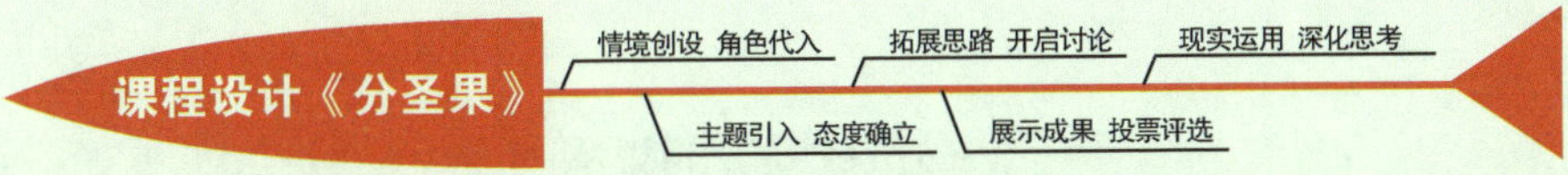

“分圣果”课程设计的思维导图

D5维度将自己的影响力扩展至山区学校、社会团体，不断脚踏实地践行公益，这背后支撑他的是“成为中华民族脊梁”的使命感。正是这份使命感，让其眼界格局更高，责任更大，对自己的要求也更高。鲁迅先生说，青年“所多的是生力，遇见深林，可以辟成平地的，遇见旷野，可以栽种树木的，遇见沙漠，可以开掘井泉的”，只有更多的青少年拥抱使命感，国家才有力量。

三、青少年领袖力的培养

青少年领袖力的培养要基于以下三点展开：一是激活自我效能感，释放个人魅力，让其能真实自信地展现自我，发挥影响力、号召力；二是看见美好，树立目标并将目标感升华为使命感，从而让其生发更大的勇气、毅力及自我管理能力以达成目标；三是设置关键事件，锤炼领袖技能，在实践中提升沟通表达力、组织决策力、执行力等。下面就这三点分别叙述。

1. 激活自我效能感，释放个人魅力

社会学习理论创始人、心理学家阿尔伯特·班杜拉（Albert Bandura）指出："自我效能是个体对自己是否有能力完成特定行为的事前预测与判断，是个体是否有能力适应环境的主观判断和自信"，即：是否相信自己，是否能完成自我激励。相信自己是释放个人魅力的前提，只有一个人自我效能感高，足够自信，对于自己胜任某一任务信心坚定，即使面临失败，也因为较强的心理恢复能力迅速振作起来，才能自如地释放个人魅力。

"破茧成蝶"的果冻

果冻作为一名敏感的女孩子，因为被班里同学嘲笑而开始抗拒社交。甚至在去营地前的机场因害怕与团队集合，她硬是在登机时打了退堂鼓。一次演讲活动中，果冻听到台上的婷婷讲述自己的过往。看到经历与自己如此相似的婷婷学姐现在那么优秀，果冻也下决心要去尝试、去突破。

一年后，在一次叫作"奥斯卡之夜"的营地表演课上，果冻勇敢挑战了秀芹这个角色，出演电视剧《亮剑》中的经典片段。为了能淋漓尽致地演出秀芹视死如归的精神，果冻必须克服拘谨的状态。正式演出中，她在台上呐喊"李云龙，你开炮啊"，震撼全场。最终果冻凭借出色的演技夺得最佳女配角。在颁奖仪式中，果冻领过"小金人"奖杯，她彻底意识到原来自己也可以勇敢，也可以在公众面前绽放。回家后，她把从营地中学来的"我生来就是英雄，我喜欢我自己"的字样挂在床头，时刻激励自己。她说自己的梦想是成为像婷婷姐那样优秀的青年，去帮助更多人。

果冻（右一）在表演

婷婷的出现，让果冻找到了“替代经验”。昨日之婷婷恰如昨日之果冻，那婷婷的榜样经验也昭示着：明日之果冻可成为今日之婷婷。因此果冻开始迈出尝试的步伐，在戏剧表演中，果冻成功突破自我，达成行为成就，意识到自己可以和团队共处，可以在公众面前自如表达、展现，由此击退了内心的懦弱与恐惧。正是这样多维度助力促成果冻自我效能感提升，变得自信、阳光，开始散发出自己特有的魅力。

2. 看见美好，构建人生使命感

现实生活中，人们做事时是不是负有使命感，所产生的效果是完全不一样的。前文我们已经提到，使命感是目标感、责任感的双向整合，代表着对自我天生属性的寻找与实现。使命感不仅是自己有目标，而且心系他人的目标。青少年在成就个人及团队梦想的路上，难免遇到阻力、困难，这时使命感是其第一引擎、原动力，能为其持续输送热情与毅力，以及自我管理能力。探险家约翰·戈达德15岁那年写下了气势非凡的《一生的志愿》，44年后，实现了其中的106个愿望。约翰·戈达德说：“我总是让心灵先到达那个地方，随后，周身就有了一股神奇的力量。接下来，就只需要沿着心灵的召唤前进。”

生命的意义在于过有价值的人生，而有价值的人生源于人生的使命感。一个广为流传的故事描述了使命感如何塑造人生的价值：有三个工匠在一起盖房子。行人路过，分别问他们在干什么。第一个工匠说：“我在砌砖。”第二个工匠说：“我在盖一栋很大的房子。”第三个工匠说：“我在建造一座美丽的城市！”十年以后，第一个工匠还在埋头砌砖，第二个工匠当上了工程师，第三个工匠成了这座城市的设计师。要培养青少年的使命感，就要创造条件让他们看见美好，从小我中跳脱出来，去寻求自我核心的认同感，树立心系他人目标的宏愿。

爱循环

所谓“看见美好”即看见榜样、看见未来。光和青春于2016年搭建了营地学员互助平台。这一平台一直践行“爱循环”理念，成员身体力行着助人助己的使命，不断完善自己的领袖力品格。申请当营地助教、赴山区支教、在演讲舞台“听见”中为青少年发声，成为很多孩子的梦想。

2018年以来，光和青春培养了300多名优秀的营地助教，10多名在大学期间加入光和青春“TOP国际青年导师计划”，此外还输送了90多位优秀学员参与了中华思源工程扶贫基金会与光和青春共同组织的山区公益支教项目。目前正有越来越多的孩子被“爱循环”所指引，树立人生目标、践行人生使命。

3. 设置关键事件，锤炼领袖技能

青少年领袖技能如沟通表达力、组织决策力需要从做事中来，因此有必要设置关键事件，创造条件让其实践。有一项调研，对中学生干部进行深度访谈。访谈结果显示，关键事件是一个激发领袖潜力、丰富其工作技能的重要渠道。大多数被访者都承认，在其担任职务期间发生的一些重要事件，如为需要帮助的同学募捐，开展体育活动、英语竞赛、军训、文化节等，都极大锻炼了其领导能力。在关键事件中的具体收获，有38.5%的被访者认为加强和改善了说服他人的技巧，30.8%的人意识到与他人平等

协商的重要性。其他收获还有事先周密计划（26.9%）、应急状况的处理技巧（23%）、爱心的养成（19.2%）、自己有主见的必要（19.2%）、责任意识（15.4%）等。

一些国家的青少年教育中，领袖力的培养也是其重要内容之一。在青少年的成长中，教育者创设了许多环境提供关键事件，供青少年体验，进而激发其领袖潜能，培养领袖力素养。如新加坡有招募学生议员、行动价值观计划（VIA）等项目。芬兰高中的学制采用不分年级制模式，给学生创造自主探索、合作交流的机会。美国高中有球队队长联盟、公民委员会、学长辅导员、同伴心理辅导员等组织，供学生进行领袖力实践体验。

模拟联合国大会（Model United Nations，简称模联（MUN））是领袖力关键事件设置的典范。它对联合国大会和其他多边机构进行仿真学术模拟，青年学生们扮演不同国家或其他政治实体的外交代表，参与围绕国际上的热点问题召开的会议。代表们遵循议事规则，为了“国家利益”辩论、磋商、游说。青年人在模联上，锻炼自己组织、策划、管理、研究、写作演讲、辩论、解决冲突、求同存异和与他人沟通交往等多方面能力，模联成为领袖力培养的绝佳设置。

营地教育中，也应有大量针对领袖力培养的关键事件设置。如开篇提及的“PVP商战”，就是通过设置公司组建、融资、采购、生产、销售、裁员诸多关键事件，真实还原商业社会。这些关键事件的设置为锻炼孩子们的团队协作力、组织力、沟通力、决策力等提供了很好的契机，让其在实践中学会制定计划，承担责任，平等对话，处理突发状况等，锻炼自己的领袖技能，释放个人魅力，发挥领袖影响力。

本章要点

1. 青少年领袖力是发挥个人魅力、运用多种方式调用身边资源成就个人及团队梦想的能力。
2. 领袖力培养主要着眼的四大素养：自我激励、沟通表达、组织决策、使命感。
3. 培养领袖力应从三方面入手：激活自我效能感，释放个人魅力；设置关键事件，锻炼领袖技能；看见美好，构建人生使命感。

第三篇 Passage Three

营地

导师的关键能力

第一章

传道授业——营地导师概述

营地导师能够给孩子们提供足够的空间和宽容，让他们通过体验式的学习，在一个平等、友爱、被接纳的氛围中，探索、发挥自己更多的潜能。

——光和青春明星导师金库

一、营地导师的定义

不会忘记的温暖

天星已经接受了多年的营地教育，现在已经成为大学生的他，仍然特别愿意参加营地课程。他对营地的归属感，来源于这里的营地导师给他成长上的陪伴。天星还记得一次课程中，他听到简爱老师讲述原生家庭对个人发展的影响时，特别想找简爱老师分享自己的经历与感受。简爱老师那天特别忙，等她忙完后已经很晚。但简爱老师仍然很有耐心地和天星聊了很久，听他说那些从未对外人说过的心里话。

多年以后，天星已经记不得简爱老师说了什么，他只记得当他说完后，简爱老师二话没说，先给了他一个紧紧的拥抱。直到现在，这个拥抱仍然在给予天星温暖与力量。他说，终于感觉到有人能够倾听自己，能够包容自己。在成长的过程中，很感激有这么一位老师，能够让他重新审视自己的家庭、自己的过去。而这样的审视，让他有机会从曾经觉察不到的情绪中走出来。

天星在湖南某地支教

很多营地导师陪伴了天星在青春期的成长，他也把老师们给予他的这份温暖和力量传递给其他的孩子，继续在营地和公益活动中帮助更多的孩子。青春期的孩子开始有了更多的独立意识，对生活产生了更多的困惑和思考。这时如果有人能够给他们更多的倾听和鼓励，会帮助他们顺利度过“暴风骤雨”般的青春期。营地导师就是能够起到这样作用的人。营地导师是具备教育学、心理学、社会学等相关学科知识，从事营地教育行业，参与营地活动的教学、组织和管理，为青少年成长提供必要的身心发展支持的教师。

二、营地导师的角色定位

营地教育在环境、理念、活动、组织形式等方面有诸多的创新，因此，相比家庭教育和学校教育，营地教育表现出很多不同。“营地导师”这一角色同家长以及学校教师比较起来，也具有不同的使命。营地导师在营地里到底扮演了一个什么样的角色？是暂时替代父母的“保姆”，还是教育工作者或者学员的朋友？事实上，营地导师的角色定位与营地教育核心理念、时代发展息息相关。从营地导师在营地中具体从事的工作来看，营地导师的角色主要表现为三种：引领者、成长教练、陪伴者。

1. 引领者

随着营地教育的发展，各教育机构不断开发出多种多样的营地课程，从形式到内容都越来越丰富，不断向着精细化、专业化发展，涉及军事、科技、体育、艺术、人文、学习方法等多领域。可以说，每门营地课程都有自己的特色，每个孩子都能找到适合自己的营地课程。因此，营地导师需要在专业性上对学员进行引领，按照每门课程特定的教育目标引领学员成长。所谓“专业性”主要表现在野外生活、运动技能、自然教育、人文教育等四大领域某一项内容上的专长。野外生活领域如拓展、露营、漂流等；运动技能领域如攀岩、雪地滑板、定向越野、山地自行车等；自然教育领域如自然观察、自然笔记、自然游戏等；人文教育领域如团队建设、剧本创作、亲子沟通等。营地导师只有具备专业知识，才能在专业上引领学员成长。

“风雨人生路”

营地课程“风雨人生路”的主题是信任和承担，学员在活动中分别扮演失明者和失语者。由失语者探路，带着失明者在户外按照事先设计好的路线进行探险。探险结束后回到室内，导师在接下来的课程中引导学员将探险经历中的感受移情到父母及其他家庭成员，再通过小组的集体分享加深学员对于信任和承担的理解。整个课程中，既有深度的户外体验，又有体验后的反思和分享，促使学员对亲子关系产生更多的思考。

为什么会设计这样的体验课程？其实，在面对亲子关系的时候，说教往往是没有意义的，有时强硬的说教只会引发孩子的抵抗。而让孩子和父母通过体验产生共情是能够促进彼此更好理解对方的方法。在体验的过程中，导师通过精心设计，一步步引导学员反思过往亲子关系中的不和谐经历、感受亲子关系应该的样子，更好地引领学员的成长。

2. 成长教练

成长教练意味着营地导师要懂得用发展的眼光看待孩子的成长，运用多种方式帮助孩子成长。作为教练，在学员需要的时候，要能够提供辅助，甚至还要“推他一把”。比如，有的学员不够勇敢，很难自己走出舒适区。此时，需要营地导师对其进行及时的推动和鼓励。这种及时的“推一把”，能够帮助部分敏感脆弱的学员成功突破自己，在突破中获得更多的自信。同时，导师也要像一面镜子一样，帮助学员看到自己的盲区，挖掘自己的潜能，达成自己的目标。

营地导师带给孩子的，往往不是学科的知识，而是在他们的成长过程中感到无助时的安慰与沮丧时的鼓励。遇到各种成长的困惑时，学员在与营地导师及伙伴的分享与讨论中领悟如何自处，感悟成长的变化。

3. 陪伴者

营地中的大多数时间里，营地导师都在和学员一起生活、一起参加课程与活动。虽然只有短短的几天，但是很多学员都能和导师建立起深厚的情谊。因为这种“一起战斗过”的情感，让学员对营地导师多了一份信任，也使得学员更愿意和导师分享自己的心里话。在学员需要支持的时候，营地导师也容易成为支持他们的重要力量。每个人都有自己的生命故事，一个孩子只有被倾听，才可能被理解。尤其对青春期的孩子来说，他们需要被更多地听见。当孩子把心里话讲出来，把郁积在心的许多情绪发泄出来，心里才会舒坦。而孩子愿意倾诉的前提就是信任和安全感。要成为一个好的倾听者，需要营地导师尊重学员、理解学员，在尊重和理解的基础上，引导学员释放自己的情绪。

陪你一起成长

Him该上初二了，但他却因不堪忍受校园暴力而退学，与父母的关系也不好。家长对Him这样的状态很焦虑。同时，这也不是Him自己想要的状态，他也很希望能够改变。夏天老师一直都是Him非常喜欢和信任的营地导师。夏天了解到Him的情况后，主动和家长联系，专程从北京飞往杭州，陪伴了Him几天。到杭州以后，夏天就住进Him家里，和他同吃同住，陪他出去玩，但从不提起Him在学校受到的伤害以及和爸爸妈妈的冲突。

就这样过了三天，Him感觉自己的状态好了一些，想要跟着夏天老师参加营地活动。那场活动中，他勇敢地分享了自己在学校遭遇欺凌的经历，那些他从未说起过的伤害。下台后，Him放声大哭，抽泣不止。夏天抱住了他，紧紧拥着他的背，告诉他："Him，你可以成为一个更有力量的人。"

从营地回来以后，Him的状态越来越好，他去一所新学校复学了。后来还参加了更多的营地活动，并崭露头角；暑假还到山区小学去支教，把他自己擅长的科目教给那些需要的农村留守小伙伴。Him的成长是一个寻找勇气和信心的过程。在营地导师的陪伴中，Him从校园暴力的伤害中走出来，成为发光发热去帮助别人的人。

陪伴意味着要在困难时提供支持，在焦虑时疏解情绪，在无力时输送能量。当学员面对各种挑战的时候，要鼓励他们克服困难、迎接挑战，让他们走出自己的舒适区，步入成长区。Him的蜕变，让我们看到了营地导师的陪伴给他带来的温暖，他也将这份温暖转化为成长的勇气和信心，再传递给他人。正如新教育实验发起人朱永新教授所说：好的教育能够帮助人更好成长。而好的营地导师就是要让孩子找到成长的勇气和信心，让他们施展自己的潜能，建设合适的自我期待。营地导师并非要替代学校教师或者家长，而是对学校教育和家庭教育起到补偿作用，营地导师需要和学校教师、家长联动起来，促进青少年的成长。

值得注意的是，以往对营地导师的定义中过分强调了实体的营地环境，事实上，随着互联网时代的到来，营地导师的工作战线已经大大拉长，部分课程内容或者活动已经前置或者后置到网络，一些活动已经细化到日常之中。就光和青春来说，有利用周末半天时间的亲子课程“彩虹周末”，有线上社交课“阿拉灯宝藏少年”，营地中结识的伙伴也常常进行线上线下的话题讨论、交流聚会等。有的学员从小学就开始参加营地活动，一直到高中，让营地教育从头到尾地陪伴他们顺利度过青春期的时光。有的学员甚至上了大学后还成为营地课程研发者，为营地的发展升级出谋划策。对于这些学员来说，营地导师的陪伴已经成为一种全景式的成长陪伴。

三、总结

在营地中，营地导师能够帮助孩子体验和家庭、学校中不一样的生活。营地课程是营地导师根据青少年的年龄和生理特点，尊重他们对倾诉、冒险、沟通等的需要而设计，强调培养青少年挑战自我、超越自我的能力，关注他们的体验、觉察、反思和团队协作等能力的发展。营地教育不受制于“标准答案”的限制，每名学员在营地中的收获可能都不一样。营地导师一定是一个善于引导的人，他能够尊重每名孩子的特异性，他能够懂得每名孩子都有花开的时刻，他能够发现每名孩子的价值和闪光点。他有足够的共情能力照顾到每名孩子。他能够尊重孩子过去的经验，引导他在过去经验的基础上，融合当下，更新他的成长经验，促使孩子获得更多的成长。

本章要点

1. 营地导师是具备教育学、心理学、社会学等相关学科知识，从事营地教育行业，参与营地活动的教学、组织和管理，为青少年成长提供必要的身心发展支持的教师。
2. 营地导师的角色主要表现为：引领者、成长教练、陪伴者。

第二章

能文能武——营地导师应掌握的基础理论知识

我们生活的世界有着被围墙包围起来的教室里永远学不到的东西，对于这些知识的教与学，单一学科并不能解决问题。

——《OECD学习框架2030》

一、营地导师需要具有多个学科的整合能力

教师是演杂技的人

21世纪教育研究院课程研究中心主任徐莉老师在一次分享中曾说，在传统课堂上，有这样一个笑话——老师说："吵着要放学的同学不要慌，我不会拖堂。请吃方便面的同学不要聊天了，叫后面打扑克的同学安静一下，以免影响前排睡觉的同学。靠窗看风景的同学喊一下操场上打篮球的同学，我好布置作业。放学去网吧的同学记得把今天的作业转告给正在网吧打游戏的同学。"当教师试图用一个教学内容、一种教学方式、在一个

固定的时间和地点去吸引全体同学的时候，他们面对多大的挑战？老师究竟要耍出怎样的杂技，才能把需要和兴趣各不相同的同学全部带入课堂活动中，全心全意地投入既定的学习？

营地教育主要以情景体验为主要教学模式。情景体验式教育就是将情景教学和体验式教学相结合，在课程中创设生动的情景，引导学生在情景中体验，引起学生的探究兴趣，达到构建知识、培养兴趣和提高能力的目的。在营地的情景体验式教育中，要胜任相关的教育活动，需要营地导师具备教育学、心理学和社会学等多学科的相关专业知识。正如前文所述，作为导师，需要具备多种能力，这样才能像“演杂技”一样，尽力让每一位学习者都能参与课程，都能有所感悟和收获。

二、营地导师应掌握的教育学相关理论

营地教育作为教育的一种方式，遵循了教育的一般规律。作为营地导师，必须了解基本的教育知识，这将有助于教育工作者自身树立正确的教育价值观、人才观、学生观。同时，通过学习一些教育方法和技能，营地导师能够整合教育资源，设计出适合学员的课程，用更适合青少年的方法进行授课。

教育学是一门知识体系非常庞大的学科。比如，以各级教育为对象，有学前教育学、初等教育学、中等教育学、职业技术教育学、高等教育学等分支；以教育过程本身为对象，有课程论、教学论、德育论、教育心理学、教育技术学、教育评估与测量、教育管理学等分支；以教育发展的历史和各国教育的比较为研究对象，有中国教育史、外国教育史、比较教育学等；还有教育哲学、教育社会学、教育经济学、教育法学、教育人类学等交叉学科。了解所有的教育学知识显然不是营地导师之必须，营地导师应根据个人的专业背景进行有针对性的学习。

和营地教育相关的教育理论有以下几种。

1. 情景认知理论

情景认知理论认为，知识不是一件事情或一组表征，也不是事实和规则的集合，知识是一种动态的建构与组织。知识是个体与环境交互作用过程中建构的一种交互状态，是一种人类协调一系列行为，去适应动态变化发展的环境的能力。知与行是交互的——知识是情景化的，通过活动不断向前发展，参与实践促进学习和理解。情景认知理论强调学习的设计要以学习者为主体，内容与活动的安排要与人类社会的具体实践相联通。最好在真实的情景中，通过实践的方式来组织教学，同时把知识的获得与学习者的发展、身份建构等统合在一起。

营地教育中设计的种种情景构建了青少年学习者的学习场景。可以说，在营地课程中，情景的设计具有明确的意图和方向性，所有的教学活动均需要和教育目标建立联系。营地教育中，用音乐来营造情景、用角色扮演来重现情景、用语言来描绘情景、用实物来展示情景等方式重构情景，使营地导师和学习者、学习者之间以及学习者和自身家庭形成情感链接。可以说，在营地教育中，需要利用符号、语言、声音、图像、视频、空间布陈等多种手段来组合情景。

情景的营造能够激发学习者的情感，而情感是保障学习投入的重要因素。换言之，情景教育正是唤起学习者情感反应而激发其学习投入的重要手段。情景式认知赋予学习的意义，促进知识向日常生活情景的迁移，它因为提供真实情景的现实体验而丰富了学习过程。Choi和Hannafin认为有四个关键的概念和情景学习环境的设计密切相关，分别是情景、内容、激励和评估。

（1）情景

情景是学习真实发生的环境、地点和场所。基于个人的经验，学习者能使用一系列方法顺利完成情景中的工作。正是有意义的资源和有目的的活动促进了问题解决，同时也促成了学习向真实情景的迁移。营地教育中的情景设置有真实情景和模拟情景两类，比如商业教育营地中让孩子们把商品拿到市场上销售、培养自立能力的营地中让孩子们去餐馆打工，都是真实情景。在同一个营地中，可能会同时有一些模拟情景。比如商业教育“PVP商战”营地中，为了在有限的时间里让孩子们充分体会现实商业的情况，会人为设置一些障碍和机遇，让孩子们体验到更加的丰富场景。

（2）内容

情景教育中，特别注重调动学习者的观察、体验、想象和思维等心理活动，促进学习者的智能、情感和意志品质的全面发展。这些内容不仅符合心理规律，也符合素质教育的培养方向。在情景认知理论之下，内容是为教育目标服务的，而不是局限于一定的框架之内。能够促进教育目标实现的内容都可以汇聚到课程中，根据学习者的需要，选择最合适的。在一个主题性的课程中可以融合非常丰富的内容。同时，课程内容也特别关注学生已有的经验，在课程设计时应注重将学习者过去的经验和将要获取的知识相结合。

（3）激励

同样，在学习中设计合理的激励机制，能够激发学生的学习动力。营地课程中，明确的奖惩机制不仅能够激发学生参与课程和活动的积极性，也有利于营地教育目标的实现。激励机制的设定可以使课程项目分团队进行，每个团队在课程环节或任务中表现好的时候都要进行加分激励，每天都要统计各个团队的得分情况，并把得分情况及时反馈给学员。

潘多拉规则

在“PVP商战”课程中，为了在有限的时间内让学员体验更多的商业现象，比如，公司大范围的人员离职、数家公司破产、公司和公司之间的经营状况相差悬殊等情况，营地导师需要灵活机动地在课程进行的环节中适时调整内容和规则，让课程最后的效果趋近于课程目标。

因此，课程中设计了“潘多拉规则”。这是一个临时设计的抽奖环节，人为制造一些危机，使一些公司破产。比如，在第三天需要制造一些危机，让其中一些公司破产。如果公司之间的分数相差不大，就要制造机会拉大差距。当然，潘多拉规则还有加分的规则，利用这个规则，一些濒临破产的公司可以增加一些分数（类似现实生活中突然收到一笔资金支持），以保证公司能够正常运营下去。

（4）评估

在营地教育中，及时的评估一方面有利于教师调整、改进教学，另一方面也有利于激发学生的学习动力。营地教育作为一种情景式教育，特别强调学习的过程并不仅仅是一个个体性的意义建构的心理过程，而更是一个社会性的、实践性的、以差异资源为中介的参与过程。在情景体验式的营地教育中，特别强调学习是真实的实践，学习过程需要建立实践共同体。在情景式的营地教育中，评估分为两个层面，一个层面是对个体的评估，另一个层面是对团体的评估。这两种评估一方面能够激发个体对于自身的认知，另一方面能够激发团队精神。二者结合，能够对学生的心理层面进行引领，让学习者在和学习情境的互动，和其他学习者的互动中生成知识和能力，能够让学习者重新思考自己的身份和角色，能够解决传统学校的学习中去自我、去情景的问题。

“PVP商战”中的过程性数据

从进入营地到离开营地，孩子们在“PVP商战”中所有活动的数据都被记录下来，一方面是他们本人参加各种活动的数据，另一方面是他们所在团队的数据。二者会被结合起来用作最后的评价。

009 期商战公司报表（单位：元）

公司	累计贷款	累计还款	收入	成本	利润	资金余额	累计排名
问水集团	200	200	2498.50	1369.24	1129.26	1129.26	1
NO.1 公司	400	400	2250.00	1233.00	1017.00	1017.00	2
星际战队	300	300	1864.00	1246.00	618.00	618.00	3
巨鲨集团	300	300	1994.50	1427.00	567.50	567.50	4
东山集团	300	300	897.00	574.04	322.96	322.96	5
阿里巴巴			712.24	720.24	–8.00	–8.00	
五建集团			150.00	150.00	0.00	0.00	

2. 斯宾塞的快乐教育

英国教育家赫伯特·斯宾塞（Herbert Spencer）认为，教育的目的是让孩子成长为一个快乐的人，因此应该让孩子在快乐的状态下学习。他强调要顺随孩子的天性发展，以“让孩子成为他自己”为主导教育理念。他的教育法则被证明是普遍适用的，因为揭示了人性和心智发展的规律而使孩子和家庭受益。斯宾塞在其《快乐教育全书》中强调孩子要接受快乐的大自然教育。书中认为，大自然从表面上看似乎和教育没有什么关系，但是在本质上，却是所有教育的源头。有这样一位老师：他既用心培养孩子的美感，又努力启发孩子的悟性；他既孜孜不倦向孩子展示最伟大事物的规律，又细心照顾孩子的身体使其得到休整；不论白天黑夜，不论刮风下雨，这位老师的课堂始终无处不在；他是如此的慷慨无私，从不索取一点报酬；他公正、宽容，对所有的孩子都一视同仁；他的身上既有父亲般的威严、理性、热情、粗犷，也有母亲般的柔情、感性、温柔、细腻；他既可以让每一个孩子的品质、性格得到磨砺，也可以让每一个孩子的知性、感觉得到升华。这位堪称伟大的老师究竟是谁？他就是大自然。除此之外，大自然还是最杰出的色彩和造型大师，他是深谙万物规律的智者，也是疗治人类心灵的医生。

3. 游戏化学习理论

游戏化学习（learn through play）又称为学习游戏化，有些学者也称其为“玩中学”。游戏化学习即采用游戏化的方式进行学习，其特点如下：

（1）游戏化学习的趣味性能够激发学习者的学习动机，发展学习者的创造性思维。

（2）游戏化学习的探索性对于培养学习者的创新、创造能力有着积极的促进作用。

（3）游戏化学习中游戏场景的虚拟性和交互性，为学习提供了亲身实践的条件和环境，体现了教育中所强调的实践性。

（4）学习者在游戏化学习中所表现出的协作性特点，突出了教育中所倡导的成果分享理念。

（5）游戏化学习中的关卡与奖励机制，与实践教育中所强调的挑战性理念相吻合。

（6）游戏化学习中场景的多元化、学习活动的多样化、教学形式的多样化，必然促进教育中学习成果的多样性。

营地教育突破传统课堂教学的限制，有充足的时间和空间设计相应的教育活动。因此，在课程和活动设计中，游戏化学习的理念非常重要。应该充分考虑到学生的年龄、心理等特点，设计适合孩子的游戏化课程和活动。

4. 合作学习理论

小组合作学习就是以学习小组为基本形式，系统利用教学中动态因素之间的互动，促进学生的学习，以团体的成绩为评价标准，共同达成教学目标的教学活动。合作学习的教育功能如下：

（1）培养合作精神

从客观上看，世界各国的教育都在强调合作，人类未来所面临的问题越来越复杂，要解决这些问题，光靠个人力量已很难实现。因此，当代教育必须重视培养学生的合作意识与合作能力，将个人融入团队中，一切以集体利益为出发点。经过长时间的培养，学习者的合作能力可以大大提高。

（2）培养交往能力

社会越发展，人际交往的重要性就越明显。在合作学习的过程中，学生增强了交往，形成了初步的社交能力。小组合作学习是同学之间互教互学、彼此交流知识的过程，也是互爱互助、相互沟通情感的过程。此过程促进了学生交往能力的提高，使学生既能“忘情”投入，又能规范、约束和指导自己的课堂行为。

（3）培养创新精神

释放学生的创造力，培养其创新精神是当今教育的重要目的之一。对于作为学习主体的学生来说，教学不应当是枯燥的传道，而必须是伴随着喜悦与感动的探究发现过程，或是伴随着惊异的问题解决过程。合作学习由于采用的是异质分组方式，每个学生的学习能力、学习兴趣、知识宽度和深度都不一致，因此在学习的过程中，学生间、师生间的互相启发、相互讨论，都会将学生的思维导向一个新的领域，出现一些新的视角，提出一些值得争论的问题。可以肯定，这样一个知识不断生成、不断建构、具有创造性的过程，要比传授性教育更受学生欢迎，更有利于学生整体素质的提高。

（4）培养竞争意识

培养学生的竞争意识，可使之成为具有较强上进心、能够适应未来社会发展需要的人才。合作学习将整个学习集体分为若干个小组，在问题的讨论与解决过程中，组与组之间不可避免地存在着竞争。在这一过程中，学生的竞争意识会逐渐增强。班级可以看作是社会的一个小缩影，在这个小社会中培养出的竞争意识，对学生们进入未来的大社会，无疑是大有裨益的。当然，此处的竞争是一种良性、合作性的竞争，是一种共同成长的竞争，而不是恶性竞争。教师在引导竞争的时候，要强调竞争与合作的关系，这是一种彼此共同促进成长的竞争。

（5）培养平等意识

每个学习集体中都存在着歧视性、阶层性的结构，如性别、体力、长相、家庭、能力，尤其是学习成绩的差异与对立。这样一来，创建民主平等型集体的任务尤显突出。在合作学习中采用异质分组的方式，将不同学习能力、学习兴趣、性别、个性的学生分配在同一组内，同学们可以相互启发、补充，不存在谁更行、谁更聪明的问题，大家都是同一任务或者话题的讨论成员之一。这样，学生之间会更平等、更民主，更有利于一个良好集体的形成。

（6）培养承受能力

无论我们在学习中、生活中还是在工作中，失败的机会总是比成功的要多。失败是一种常见的挫折，挫折可以使一个人彻底消沉、忧郁下去，从此一蹶不振，也可以使人激发其潜力，去取得更大的成功。一个人对挫折的心理承受力越高，他成就的事业也就越大。在合作学习的过程中，学生在组内真诚地合作，进行公平竞争，在合作与竞争过程中逐步完善人格，养成良好的心理素质。

（7）激励主动学习

合作学习能使学生把被动学习变为主动参加。在教学过程中，教师把一些问题放手让小组合作讨论，这时的学生已主动参与了学习。在合作讨论中，学生或多或少都会得到一些结论，这些结论的特别之处就在于它是学生在合作讨论中得出来的。即使学生自己没有完全解决问题，只要教师稍加点拨，学生也可能很快领悟。因为参与其中，学生认为这是自己的学习成果，因此，学生会对问题的解决方法和结论留下深刻的印象。在这样的学习过程中学生会获得更多。

5. 杜威“做中学”

美国现代教育家约翰·杜威（John Dewey）以“教育即生活”“教育即生长”“教育即经验的改造”为逻辑起点，对知与行的关系进行了论述，并提出了举世闻名的“做中学”的理论。在杜威看来，“做中学”的提出有三个方面的依据：

（1）“做中学”是儿童自然发展进程的开始

在《民主主义与教育》一书中，杜威十分清楚地写道：“在第一阶段，学生的知识表明为聪明、才力，就是做事的能力。”“人们最初的知识和最牢固地保持的知识，是关于怎样做的知识，例如怎样走路、怎样谈话、怎样读书、怎样写字、怎样溜冰、怎样骑自行车、怎样操纵机器、怎样运算、怎样赶马、怎样售货、怎样待人接物，等等。应该认识到，自然的发展进程总是从包含着从做中学的那些情景开始。”

（2）“做中学”是儿童的天然欲望的表现

杜威认为，儿童身上蕴藏着充满生机的冲动，他们生来就有一种天然的欲望，要做事，要工作。他强调说：“现代心理学已经指明了这样一个事实，即人的固有的本能是他学习的工具。一切本能都是通过身体表现出来的；所以抑制躯体活动的教育，就是抑制本能，因而也就是妨碍了自然的学习方法。”

（3）“做中学”是儿童真正兴趣的所在

杜威认为，生长中的儿童的兴趣主要是活动。对于儿童来说，重要和最初的知识就是做事或工作的能力，因此，他对“做中学”就会产生一种真正的兴趣，并会用一切的力量和感情去从事使他自己感兴趣的活动。

6. 卢梭的自然主义教育

法国大思想家、大教育家让-雅克·卢梭（Jean-Jacques Rousseau）的自然主义教育的核心是“回归自然”。一方面，他认为善良的人性存在于纯洁的自然状态中。另一方面，卢梭还从儿童所受的多方面的影响来论证教育必须“回归自然”。他说每个人都是由自然的教育、事物的教育、人为的教育三者培养起来的。他在《爱弥儿》一书中说：“大自然希望儿童在成人以前就像儿童的样子。如果我们打乱了这个次序，他们就成了一些早熟的果实，既长不丰满也不甜美，而且很快就会腐烂，我们就会造成一些年纪轻轻的博士和老态龙钟的儿童。”

卢梭教育理论体系中最基本的思想就是：把儿童当作儿童来看待，把儿童看作教育中的一个积极因素；教育要适合儿童天性的发展，保持儿童的天性。因此，卢梭强调，教育应当遵循自然的原则。具体来说主要是：

（1）必须让儿童充分使用大自然赋予他们的一切力量，相信他们也不会随便滥用这些力量。

（2）考虑到儿童的一切身体的需要，包括智慧和体力方面的需要。要对他们进行帮助，使这些方面的需要得到满足。

（3）只有当儿童真正需要的时候，才去帮助他们，也不能依从他们胡乱的想法和没有道理的欲望。

（4）应当仔细研究儿童的语言和动作，真正地辨别他们的欲望究竟是直接由自然产生的，还是从心里想出来的。

这些原则的核心精神是：“多给孩子以真正的自由，少让他们养成驾驭他人的思想，让他们自己多动手，少要别人替他们做事。”

三、营地导师应掌握的心理学相关理论

营地教育中，导师面对的是生理和心理正处于快速发展中的青少年，他们有着不同的年龄、家庭背景、性格。但由于他们同处于青少年这一发展阶段，其心理特点往往有共通性。如果导师了解学生的心理特点，就能够在营地中设计和选择合适的教学活动，并且根据学生的反馈适时改进教学方法和教学策略，帮助和引导学生更好地成长。也就是说，营地导师对于学生心理特点的了解，可以克服教育上的盲目性，增强营地课程的教学效果。心理学是一门研究人类的心理现象、精神功能和行为的科学，既是一门理论学科，也是一门应用学科。心理学分为基础心理学、发展与教育心理学、应用心理学。基础心理学包括人格心理学、生理心理学、实验心理学、认知心理学等；发展与教育心理学包括发展心理语言学、发展心理生物学、教育社会心理学、教育心理学等；应用心理学包括社会心理学、临床心理学、咨询心理学等。可以说，心理学涉及知觉、认知、情绪、人格、行为、人际关系、社会关系等诸多研究对象，也与日常生活的许多领域如家庭、教育、健康等密切关联。

以下是和营地教育相关的部分心理学领域与理论。

1. 发展心理学

营地导师为什么需要了解发展心理学，其实可以从两方面来认识。一方面，在营地中，大多数时间营地导师需要陪伴学生，因此只有对孩子的发展规律等有清楚的认识才能更好地与孩子进行沟通；另一方面，营地导师需要和家长沟通交流，营地导师掌握了发展心理学知识，可以通过一些亲子课程或者家长课程，为家长提供家庭教育的指导，帮助家长更加理解和懂得孩子。

家长需要了解青春期的知识

比利是一个喜欢打篮球的13岁男孩，梦想成为库里那样的人。他的父母都从事商业，家里经济条件非常好。比利在成长的过程中，因为父母的事业而变换了不少学校。每到一个新的环境，他总需要重新去适应。比利跑步特别快，在以前的学校能够拿奖，但是在新的学校里，他得到的更多是挖苦、否定。这样的事情经历多了以后，比利变得特别不自信。他对自我进行评价的时候，也开始使用负面语言，比如：我不行，我觉得自己不好。在接连被老师否定的情况下，比利的父母已经准备让他出国念书。但是他在生活与学习中的状态又让父母充满焦虑。父母担心他到了异国他乡无法适应生活。

后来，营地中的苹果老师和家长聊了以后，发现孩子身上的问题更多来自于父母。苹果老师与比利妈妈的交流，使她知道了自己不注重沟通方式引起的后果，也明白了不能用简单的心理学的技术去“对付”孩子。当父母没有为比利在学校争取到应有的公平待遇的时候，他们则会站在老师的角度说，这样没有关系，这件事情不重要，等等。而这对于孩子来说，会觉得自己不被父母理解。苹果老师说：“我们是孩子的父母，任何人无法取代。孩子难过的时候，可能就是希望有人能够和他待在一起而已。其实有时候孩子需要的不是道理，而是我们和他站在一起面对困难，让孩子知道我们和他不是对抗博弈的关系。”

比利妈妈听了苹果老师的分析以后，非常认可老师的理念，也明白了比利现在面临的一些问题可能是他成长过程中必经的。理解了这点，在遇到一些问题的时候，家长就能够用更加平和的心态面对。

孩子有自己的成长规律，这其实是每一个家长，以及从事教育的人都必须了解的基本知识。在人的一生，不同的年龄会有相应的一些特征。不同的家庭环境、不同的性别、不同的成长环境，会造就不一样的人。教育者需要去了解这些因素可能对个体的影响，从而对孩子进行更适当的、尊重天性的引导。教育者要知道青春期的孩子如何解决生理、心理、情绪化的自我认知与调整，如何养成处理复杂问题的能力，如何冷静理清混乱的情绪……将发展心理学应用到营地教育中，就是营地导师通过主题性的课程和活动，尊重孩子的成长规律，让孩子得到充分的发展。

关于发展心理学的相关知识，这里主要介绍美国心理学家尤里·布朗芬布伦纳（Urie Bronfenbrennr）的生态系统理论（ecological systems theory）。生态系统理论认为个体成长的环境是一个生态系统，包括家庭、学校、社区、工作单位等日常生活环境，以及这些环境之外的更大空间。这些环境被分为微观系统、中间系统、外层系统、宏观系统。每一个系统层面都会对个体的发展产生重要影响。理解不同的因素都会对个体的成长产生影响，父母就能够更加理解孩子的成长，在某些阶段也就可能对某些影响因素进行有效的干预，或者给予孩子更多的支持。

微观系统是个体直接生活的环境。在这一环境中，任何的关系都是相互影响的，比如父母的言行会影响孩子的情绪和行为，反过来，孩子的生理特性、人格特征和能力也会影响父母的行为。一个情绪平稳的孩子容易引发父母积极耐心的反应，而一个好动、容易哭闹的孩子则容易成为父母的限制和惩罚对象。在这一小环境中，父母二人的关系也会影响他们和子女的关系，比如，如果父母共同承担养育责任，在这样的家庭中成长的孩子也更加能够感受到家庭和睦带来的力量，孩子会更加有安全感。相应地，如果父母因为自己的情绪而迁怒孩子，这样的家庭中成长起来的孩子和父母的关系更差，也更容易出现社交问题。

中间系统指几个微观系统之间的联系。例如一个孩子的学习是否进步不仅取决于他在学校这一微观系统学习的情况，而且取决于家庭中父母对孩子学习的关心和支持，以及孩子在家里花多少时间学习等。而对成人来说，在家里做配偶、做父母做得好不好，也受到他在工作单位的人际关系的影响。这些微观系统形成一个中间系统对个体产生影响。

外层系统指的是成长中的孩子不直接在其中，却对他们所生活的直接环境产生影响的社会环境。比如，孩子生病了，或者学校开家长会，父母的工作单位是否允许因此请假。父母的工作单位虽然不直接与孩子发生联系，但的确会间接影响到他们。外层系统还包括孩子及其父母所在的社会网络，如亲戚、朋友、邻居等。例如，在孩子生病的时候，如果父母没有时间照顾孩子，是否有其他长辈愿意帮忙照顾；在孩子和父母有亲子冲突的时候，是否有父母的朋友或者亲戚提供建议等。这些外在的支持对一个家庭非常重要，在他们遇到困境的时候，这些外在系统可以有效支持这个家庭度过困境时期。得到充分支持的家庭，面临的困难会相对减少。

宏观系统不是一个具体的环境，而是由文化价值观、法律、习俗和资源组成的。如果宏观系统能够在大环境中提供一些福利政策支持儿童及其家庭，那么，不管是儿童还是成人都能够获得更好的发展。

布朗芬布伦纳认为，环境并不是影响个体成长的固定力量，它是动态的，处于不断变化之中。人究竟怎样做，既取决于人的年龄，也取决于人的身体、智力和人格特征，以及他们所面临的环境机遇。因此，生态系统论认为，个体的发展既不由环境单独控制、也不由个体内部原因独自决定。相反，人既是环境的产物，也是环境的创造者，人和环境形成一个相互依赖的网络。

布朗芬布伦纳的理论有助于我们理解，孩子们为什么会成为这样。营地导师对这个理论的理解，有助于他们以同理心去理解孩子和家长；而家长对这个理论的理解，也有助于反思哪些因素影响了孩子，如何更好地规避一些负面因素可能对孩子成长的影响。

2. 群体动力理论

群体动力理论由心理学家库尔特·勒温提出。群体动力就是指群体活动的方向以及其构成因素和相互作用的合力。而研究群体动力就是要研究影响群体活动方向的各种因素，因为群体活动的方向同样取决于内在的心理力场和外在的情景力场的相互作用。群体动力理论的宗旨是寻找和揭示群体行为与群体中的个体行为的动力源，从心理及社会环境两方面去寻找对群体以及个体行为的推动力量。

内在的心理力场是指群体中各成员之间的相互作用和影响。群体动力反应在群体内部，有以下一些关系：同伴依慕、权威关系、利群行为、合作、竞争、共生等。一般的群体动力系统包含三大要素：凝聚力、驱动力、耗散力。其中凝聚力是保证群体稳定的因素，驱动力是促使群体发展和演化的因素，耗散力则是破坏群体稳定和演化、降低群体绩效的因素。这三种动力构成要素同生并存在于群体中，它们相互作用、抗衡，彼此消化、转化，推动着群体的演化和发展。

该理论认为，一个人的行为是个体内在需要和环境外力相互作用的结果。群体动力理论主要是指群体中的各种力量对个体的作用和影响。勒温把群体中的人分为两种，即主动型和被动型。主动型的人积极参与群体的各项活动，参与群体规范的制定，主动自觉地遵守群体的各项规范和要求；而被动型的人则服从于权威，听从别人的安排，遵守群体的规范和要求。

“童年穿越”：重新长大一次

“童年穿越”是专为家长打造的一项情景体验活动。参加活动的爸爸妈妈们三人一组，分别扮演童年的爸爸妈妈和自己。每个人都要穿越回自己幼时，再一次面对父母的“不允许”“不可以”带来的伤痛。有家长在结束体验后说：扮演爸爸时当我不断地和孩子说“不允许、不可以”的时候，我心里很痛。我感受到自己给孩子带来的伤痛，同时也感受到父母的无助。很多父母也是第一次做爸爸妈妈，孩子在学着怎么去成长，爸爸妈妈也在探索着怎么去做家长。在这样一个场域中，参与活动的爸爸妈妈们回到小时候，把自己的不满、委屈，通通宣泄出来，得到疗愈。除了自己得到疗愈，他们也察觉到，自己无意间给孩子造成的伤害。这些反思，能够让他们在现实生活中做出改变。正如一个妈妈说：“自己以为那些伤痛都封了尘，没想到它们还是在影响着自己。我也知道以后该怎么去对待我的孩子了。”

3. 积极心理学

1997年美国著名心理学家马丁·塞里格曼正式提出积极心理学，采用科学的方法研究人类的积极心理品质。积极心理学的出现给了我们一个新的视角看待心理学。一直以来，很多人对心理学的认知进入了误区，认为心理学就是临床心理学或者是精神病理学，但是心理学家在研究中发现，把注意力放在解决痛苦上，人们可能会变得更痛苦。积极心理学主张以人的积极力量、美德、主观幸福感、意志力等为研究对象，强调心理学不仅要帮助处于“逆境”条件下的人们知道如何求得生存和发展，更要帮助那些处于正常境况下的人们学会怎样建立起高质量的个人生活与社会生活。

中国积极心理学的领军人物彭凯平教授认为，积极心理学不光研究人类的幸福，还要研究道德、智力、审美、创造、积极的社会关系、积极的社会组织、生活的意义等内容。他将优秀人才所需具备的能力概括为“ACE”（王牌）。A是审美感（aesthetic），有审美感的人能够看到别人看不到的东西，能够领悟别人领悟不到的东西；C是创造力（creativity），有创造力的人能够分析问题、解决问题，创造新概念、新事物；E是情感共鸣能力（empathic），有情感共鸣能力的人能够敏锐地感受并影响到其他人的感情。具备ACE能力的人，是未来这个时代最需要的人，是最容易具备幸福感的人。

对于青少年来说，伴随性成熟的心理和激素变化，他们会体验到更多的消极情绪。而引导青少年的积极品质的发展，可以帮助他们体验到更多积极的情绪，这能够帮助他们应对消极情绪带来的负面影响。比如，提升青少年的情绪管理能力，有助于他们处理和他人的关系，帮助他们建立良好的社交关系。因此，对于青少年来说，积极心理学能够有效帮助青少年解决日常生活中遇到的烦恼，能够更好地塑造青少年的积极品格。营地导师应该以积极心理学的观点作为指导思想之一，以促进青少年得到更全面的发展。

4. 人本主义学习理论

人本主义学习理论的主要代表人物是马斯洛（Abraham Maslow）和罗杰斯（Carl Rogers），该理论根植于其自然人性论的基础之上。人本主义者认为，人是自然实体而非社会实体。人性来自自然，自然人性即人的本性。凡是有机体都具有一定内在倾向，即以有助于维持和增强机体的方式来发展自我的潜能，并强调人的基本需要都是由人的潜在能量决定的。人类具有天生的学习愿望和潜能，这是一种值得信赖的心理倾向，它们可以在合适的条件下释放出来。当学生了解到学习内容与自身需要相关时，学习的积极性最容易激发。在一种具有心理安全感的环境下可以更好地学习。人本主义学习理论强调人的尊严、价值、创造力和自我实现，把人的本性的自我实现归结为潜能的发挥，而潜能是一种类似本能的性质。基于这种思想，马斯洛提出了著名的需求层次理论。

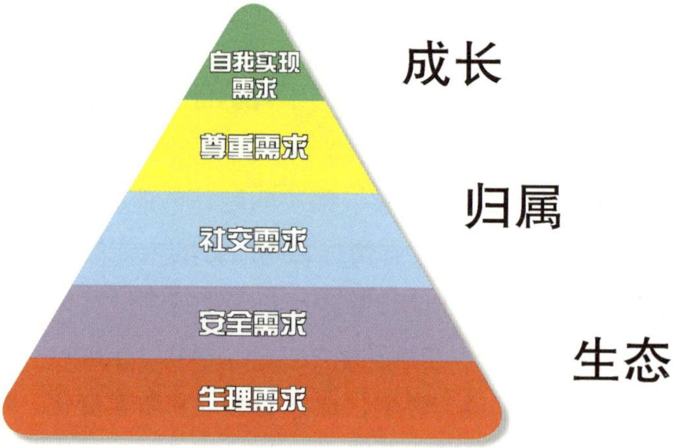

需求层次理论

在马斯洛看来，人类价值体系存在两类不同的需要：一类是沿生物谱系上升方向逐渐变弱的本能或冲动，称为低级需要和生理需要；另一类是随生物进化而逐渐显现的潜能或需要，称为高级需要。人都潜藏着上图所示的五种不同层次的需要，但在不同时期表现出来的各种需要的迫切程度是不同的。最迫切的需要才是激励人行动的主要原因和动力。

四、营地导师应掌握的社会学相关理论：童年社会学

童年社会学是研究儿童和社会相互作用、相互影响的发展规律的一门社会学分支学科，也被称为儿童社会学。童年社会学的研究核心是儿童在

成长过程中，怎样既受到社会的制约成为社会的产物，又在与社会的互动中逐渐形成个性。童年社会学强调儿童的主体性，儿童被视为有能力、能胜任的贡献者。对童年社会学理念的认知，有利于营地导师把孩子当成独立的个体，尊重儿童的社会价值，认识到儿童作为行动者的力量，也能够帮助导师将学员的一些问题放置到更广泛的社会环境中理解，如从家庭结构的变迁、家庭暴力、网络游戏等理解青少年的行为。这将会有利于导师跳出自己既有经验的局限，平等公正地对待所有孩子，构建以青少年为中心的营地课堂。

以下是童年社会学的相关理论。

1. 重新认识童年：童年不是成年的准备期

20世纪以来，儿童权益运动、儿童权利话语强调儿童主体权利，指出童年不是成年期的附庸或生活准备期，而是具有本身的价值。这就要求我们要转变观念，重视儿童当下的成长。

成人社会总是用未来导向的视角看待儿童，一味关注儿童成人之后将会变成什么样子，在社会秩序中的角色及其对社会的贡献。人们很少关注儿童当下的生活，很少关注他们现时的生存状态、需要和欲望。事实上，成人社会甚至经常将儿童现时的生活需要和欲望看作是具有威胁性的，认为它们可能会是社会问题的风险，必须妥善预防和处置。比如，我们很多父母在教育上的焦虑，其实都是担心孩子未来在这个社会生存没有资本。成年人习惯于用“效用论”，即做这件事到底有什么用来看待孩子的活动。但是，对孩子来说，他们不以这样的视角来看世界，他们关注自己当下的感觉，希望能够在当下获得满足。但是，成年人却很少会从这个视角去理解儿童。比如，就当今亲子关系的一大杀手——手机或者网络游戏来说，成人常常会觉得，网络没啥用，孩子只要好好学习就行。但是，对孩子来说，他们也有娱乐的需要，而这种需要常常被家长忽略。

早恋的孩子应该被责骂吗?

有一位妈妈特别焦虑自己14岁的女儿早恋的问题。妈妈在女儿手机里看到男生在社交软件上直接喊女儿“老婆”，她立即把这名男生拉黑。但是她也不知道怎么和女儿沟通早恋问题。她问过孩子有没有喜欢的男生，女儿说没有。她跟营地导师说，她不知道自己该不该责骂女儿。

青春期的孩子渴望和异性的交往，男女生之间互相吸引是非常正常的现象。家长需要做的其实只是和孩子明确一些界限，和孩子讨论情感价值观，对孩子进行必要的性教育，这会比简单粗暴的一律禁止更有用。随着孩子年龄的增长，情感世界和见识也在丰富，他们会越来越理解什么是真正的感情。

对孩子当下需要的不理解和不尊重，会导致在学校教育和家庭教育中，儿童的权利常常被忽视。同时，这种认为童年都是为了成年做准备的观念，也会导致儿童在现实生活中缺乏自主性，很难有机会得到全面发展。

2. 儿童需要：参与是儿童的权利

不成熟、不理性、能力欠缺、脆弱、需要管教……很多成人会用这样的眼光来看待儿童。在童年社会学中，儿童其实是自身社会化过程的积极参与者，他们以一种能动的社会行动者的面貌出现。

传统的社会学理论认为儿童还不是社会意义上的完整的人，而是有待驯服的社会威胁，需要接受社会化才能成为一个社会人。在这里，儿童的主体性、能动性被忽视。童年社会学强调儿童不是社会化过程的被动对象或产物，而是积极地建构着自己的生活，积极地参与社区的建构，参与其所在社会的建构的积极社会行动者。也就是说，儿童不仅有能力决定那些和他们有关的事务，还有力量去影响、重塑他们所在的环境。

团队的力量

许多孩子一次次来到营地的原因正是营地具有独特的社区文化，这让他们感觉营地是他们另外的一个家。除了共同参加营地活动，学员们还在自己所生活的城市自发组织活动，参加公益项目。他们为山区的孩子募捐，去养老院陪老人们聊天，也倾听小伙伴的喜悦和悲伤，成为彼此的“树洞”。他们组织演讲，让爸爸妈妈们来参加活动，试图通过自己的努力，和父母进行沟通。这些活动的参与，让他们感觉到自己的力量。

在我们的传统文化中，儿童很少有机会发声，即使在家庭中，儿童的呼声也常常不被听见，这导致很多父母和孩子之间形成隔阂。在很多成人的眼中，儿童是被成人照料的弱者。在营地中，应该关注儿童权利，将儿童视为权利的主体，让儿童能够有机会表达意见，让他们能够参与涉及自己事务的决策过程。

英国学者罗杰·哈特（Roger Hart）曾经提出过一个针对儿童参与的阶梯图：

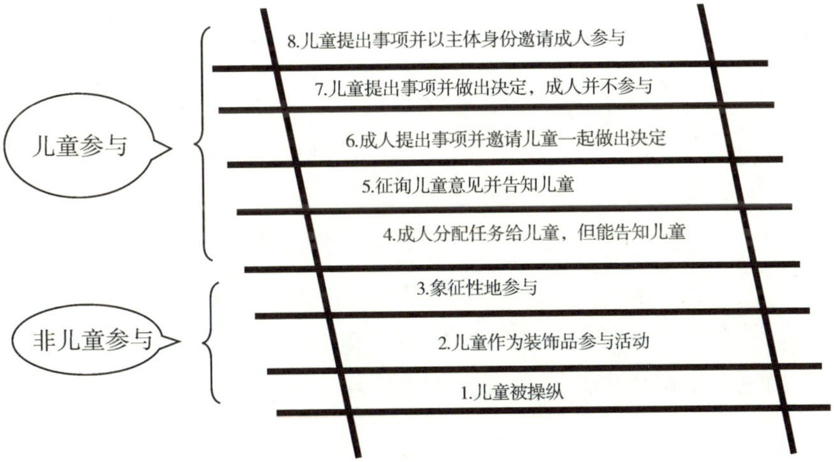

罗杰·哈特提出的儿童参与阶梯

在这个参与的阶梯中，1—3层级的儿童参与并不是真正地参与，只是象征性地参与，作为装饰品或被操纵着参与活动。在4—8层级，儿童参与的程度逐渐加深。儿童参与应该是一个协商的过程，是儿童与儿童、儿童与成人之间协商的过程，是考虑多方利益、倾听多方意见以后产生决定的过程。在营地活动中，特别要注意儿童参与。只有儿童真正参与课程，才能引起孩子的兴趣，进而激发孩子的动力。孩子的参与需要得到支持，在营地教育中也是如此。营地教育中需要设计多种丰富的活动让孩子来参与，这些活动需要在尊重孩子的基础上，给他们提供参与的渠道和机会，并且，在活动中导师需要帮助孩子学会如何参与。有时候我们会担心，让孩子们自主参与一些活动，他们有能力胜任吗？他们是不是会做得很糟糕？事实上，当我们放手让孩子去行动的时候，他们会给我们很大的惊喜。

我们是未来，我们也是现在

2002年，两名来自玻利维亚和摩纳哥的儿童受邀在联合国儿童问题特别会议上发言。这两名儿童描绘了自己心目中适合儿童成长的未来世界的样子：尊重每个儿童的权利；保护儿童不受暴力、虐待和剥削；保护儿童免受战争的伤害；为儿童提供医疗保健等。他们在发言结束的时候提出：

我们不是问题的制造者，而是解决问题所需要的资源；

我们不是一笔无价值的开销，而是一笔有价值的投资；

我们不只是年幼的儿童，更是这个世界的人民和公民；

……

我们是这个世界的儿童，尽管我们的背景迥异，但共享一个现实世界。

把世界变得更美好的斗争将我们团结在一起。

你们把我们称作未来，但我们也是现在。

营地导师掌握教育学、心理学和社会学的相关知识，有助于了解自己处在发展中的学员的心理特点，以及用什么样的方式来学习什么样的内容是合适的，哪些因素、哪些事件可能会影响他们的发展，以及使用哪些方法可以规避一些不良影响。营地导师需要审视营地教育的各个方面，包括课程设计、活动设计、对孩子的引导等，在尊重和爱的基础上，专业地、科学地、有爱心和耐心地引导孩子成长。

上述相关知识是营地导师需要具备的底层知识。营地导师还需要了解更多的相关领域的知识才能更好地支持营地教育的发展，陪伴学员的成长。

本章要点

1. 在教育学方面，营地导师要根据自己的专业特点具备情景认知理论、快乐教育、游戏化学习理论、合作学习理论、“做中学”、自然主义教育中的多种教育观念。
2. 在心理学方面，营地导师要掌握生态系统理论、群体动力理论、积极心理学及人本主义学习理论的基本思想。
3. 童年社会学认为，童年不是成人的准备期，不能剥夺儿童参与的权利。

第三章

春风沂水——营地导师的职业伦理

职业伦理越发达，它们的作用越先进，群体职业自身的组织就越稳定、越合理。

——法国社会学家爱弥尔·涂尔干（Émile Durkheim）

随着社会的发展，各个行业的分工越来越细，越来越多的职业蓬勃而出。不同的职业对从事这种职业的群体或者个人有一些总体性的价值要求，用以指导个体正确履行职业责任和义务并预防道德风险，这种要求就是职业伦理。职业伦理是社会伦理的形式之一，追随社会伦理的变化而变化，并且与社会发展保持一致。每个行业都有其应该遵循的行业规范，可以用来指导和约束从业者的种种行为。职业伦理的作用在于，能够明确职业关系，规范行业行为，塑造从业者的价值体系，成为专业性人才培养的基石。如果说专业训练是为了让个体在未来职业成绩中增加数个“0”，那么，职业伦理则是这些“0”前面的“1”。

任何一个职业都需要有各自的职业伦理，比如，医生有医生的职业伦理，法官有法官的职业伦理……营地导师亦是如此。营地教育中，营地导师日常接触的主要是青少年群体及其父母家人，制定科学、专业、系统、规范的营地导师职业伦理，从个人层面来说，能够发挥保护促进作用，保障营地学员和营地导师双方权益，促进学员个体发展和导师职业生涯成长；从行业发展来看，可以预防行业乱象的发生，是提升营地教育工作水准，有效推动营地教育行业专业化、科学化和持续化发展的基础保障。

一、营地导师职业伦理原则

从哲学角度而言，关于伦理问题，以伊壁鸠鲁、穆勒（John Mill）为代表的功利论认为，一种行为有助于增进幸福，则为正确的；如果导致了与幸福相反的东西，则为错误的。这里说的幸福不仅仅涉及行为发出者本人，也涉及与其相关的他人。因此综合所有影响，达到“最大的善”，才是正确的。以亚里士多德为代表的德性论认为：伦理学的核心不是“我应该做什么”，而是“我应该成为一个具有何种品德的人”。

营地教育作为教育行业的重要组成部分，其导师的职业伦理以功利论和德性论为基础。从功利论的角度出发，营地导师是素质教育的践行者，所从事的是帮助孩子和家庭增进幸福的事业。所以营地导师的职业伦理，应以助人幸福为第一规则，其目的是助人幸福最大化。从德性论的角度出发，职业品德应贯彻营地导师的整个从业过程，通过导师自身的职业素养影响孩子发生积极改变。因此，营地导师职业伦理，探讨的是如何增进学员及学员家庭幸福，如何成为一个内心品德高尚的营地导师。针对营地导师的角色定位，其职业伦理包括教育情怀、任务目标、责任担当三个维度。

1. 教育情怀

教育情怀意味着对教育的一种持久的、特殊的、难以割舍的感情，这种感情源自对教育发自内心的深沉的爱。苏霍姆林斯基说过：最好的老师，在教育修养中起决定性作用的一种品质，就是对孩子的依恋之情。这意味着无论世俗对孩子的评价如何，我们都应该把孩子当作一个独一无二的生命个体去爱、去尊重、去理解、去信任，相信自己、相信孩子。当孩子在与导师的关系中感受到无条件的爱、尊重、理解、信任时，就会在这段关系中唤醒懵懂、激励信念、培养志向、点燃希望。

小Q的改变

小Q是一名初二的学生。父母认为他身上有太多的缺点和问题，为了让他能够有所改变而把他送到营地。小Q的情绪很抵触，因为父母送他到营地的目的本身就意味着对他的否认。小Q喜欢上营地，是从一位导师在课程上一边拍着他的肩膀，一边很自然地喊出他的名字开始的。小Q在那一瞬间被感动了，觉得这样一位大咖级导师，居然能够清晰地记住自己的名字，简直太不可思议了。他的自我价值感瞬间在体内涌动，似乎有一种尘封已久的力量立刻爆发了出来。结营仪式上，小Q说，以前在学校每每受到批评，总觉得是老师在故意针对自己，从来没有反思过自身存在的问题。这次营地之行不仅让他重新找回了自信，也使他开始学习反思自己的种种过往。小Q决心以崭新的面貌重新回到学校。

正是导师以深厚的教育情怀对小Q耐心、尊重以及一视同仁，唤醒了孩子尘封已久的自信，重新点燃了他的希望。

2. 任务目标

在营地教育中，保护学员的人身安全、心理健康是营地导师的首要任务，遵循未成年人的发展规律、促进学员身心成长是营地导师的主要目标。一棵正在成长的树苗，需要科学精心的照料才能经得住大自然的各种考验，长大成材，孩子也是如此。未成年人的个人防护能力、心智能力、自我发展能力尚处于发展阶段，与成人相比，他们是脆弱的，需要保护。营地教育在保护学员身心安全及合法权益的基础上，要求营地导师不断提升自身的专业素养，遵循未成年人的发展规律，为他们提供更多的发展空间，以增强学员积极体验，最终促进学员个体层面和集体层面积极人格的养成。促进并不是简单粗暴地纠正，而是通过推动学员的积极品质和行为，减少消极行为的发生。

洋洋爱化妆

洋洋是一名正在读初三的女生，报名营地前，导师发现她的情绪一直很低落。营前会上，导师们针对洋洋的情况，研究制定专门的课程方案。导师们认为，某惊险性较大的课程可能不利于洋洋的情绪稳定。在征求洋洋本人和父母同意后，决定洋洋暂不参加这门课程。这门课程要求每名学员在服装道具上打扮得比较独特。虽然洋洋的心理状态不适合作为学员参与这门课程，但是为了满足孩子在营地伙伴中的归属感和价值感，避免她可能产生孤独落寞的情绪，导师安排她专门负责为小组的伙伴们化妆。本就喜欢化妆的洋洋大显身手，化的个性妆深得伙伴赞誉。课程开始后，洋洋开心地坐在场外的沙发上，一边吃茶歇一边听着会场内传出的音乐，和专门陪伴她的导师一起，想象着伙伴们带着自己给他们化的精致妆容勇敢挑战自我的样子，脸上露出了开心的笑容。

洋洋的案例，体现了营地导师对每名学员高度负责的态度。一方面，针对洋洋的具体情况，提出暂不参加课程的专业建议，保护孩子的心理健康；另一方面，鼓励她参与适合的部分课程环节，科学合理地增强了洋洋的积极体验，促进了她的个人成长。

3. 责任担当

营地导师的职业活动不仅代表他的个人行为，也代表着企业和行业的形象，导师的职业活动会影响一个企业乃至整个行业的生死存亡。

因此，自律审慎、维护企业信誉和行业发展环境是每一名从业导师必备的职业担当。导师应保持服务的专业水准，秉持学员至上的价值理念，严格遵守国家法律法规、企业规章制度和导师职业伦理，共同创造营地教育行业的社会价值和发展空间。

二、营地导师职业伦理细则

根据营地导师的职业伦理原则，相对应地产生了各项细则。营地导师在从事职业工作时，应当深刻理解职业伦理原则内涵，并严格履行根据原则制定的各项细则。

1. 专业关系

所谓专业关系，是指营地导师在从事营地教育工作过程中，基于营地导师的角色定位，与学员形成的教育工作关系，是营地导师教育情怀的具体表现。在专业关系方面，营地导师要做到以下几点：

· 公平对待每一位学员，不因个人利益、喜好、观点而对学员产生偏见和不公。

· 按照企业标准领取课酬，原则上不私自接受学员及其家属的额外馈赠或其他形式的回报。

· 与学员保持情感平等关系。特别地，营地导师因职业角色等原因，在营地中通过共情、倾听、接纳、积极关注等态度，带给学员关爱、亲和、慈善、吸引等积极的情感体验，会使部分学员产生个人崇拜。此时营地导师要冷静客观地评估与学员之间的情感链接，避免对学员造成情感上的控制或创伤。

· 不得与未成年学员发生恋情，不得与未成年学员发生亲昵举动和性关系。

· 应科学看待未成年学员的各种行为，不得粗暴管教学员，不得对学员进行负面评判、贴标签。

· 要观察、引导营地中学员小组的团体动力方向，利用团体的力量，在学员与自我、学员与他人、学员与环境的关系中开展工作，帮助学员实现对自我的觉察和顿悟。

· 需明确服务对象为参与营地教育的学员。尊重未成年学员的营地教育需求，同时参考家长对于营地教育的期待。当学员需求与家长期待发生冲突时，营地导师需遵循有益于学员成长最大化的原则，通过与学员及家长的有效沟通促进三方彼此间的理解与合作。

2. 保护促进

在营地教育中，保护学员的人身安全、心理健康是首要任务，遵循青少年发展规律、促进学员个体成长是主要目标。在保护促进方面，营地导师要做到以下几点：

· 有责任保护学员的身体、心理安全，不得做出有损学员安全的行为。当学员面临安全威胁时，营地导师需竭尽全力保护学员，避免或减少伤害。

· 应当熟知并严格遵守营地安全手册的相关内容，签署营地安全协议，履行岗位职责，严守安全底线，按照规程履行导师安全保护的职能，保障学员的营地安全。

· 需严格遵守国家法律法规，维持合乎公众习俗的道德操守，保护未成年人合法权益，确保学员的人身安全不受损害。

· 应避免成人本位，秉持以学员为中心的态度，尊重未成年学员作为独立个体的个性化发展规律，通过激发学员内驱力促进学员成长。避免因个人价值取向阻挠学员个性化发展进程，应充分尊重学员发展过程中的选择权。

· 需通过个人的专业素质引领学员建立积极的人生观，关注学员的综合素质培养和全面发展。

· 需客观全面评估学员，应以积极视角关注学员发展，激发学员的成长动力。

· 需保护学员的隐私权，未经学员授权，不得向他人（不包含学员监护人）披露学员的个人信息、生活事件等内容。

· 需尊重学员的参与权和选择权。营地导师应让学员自主选择如何参与营地教育，在肯定选择积极参与的学员同时，不得评判、否认或忽视选择被动参与及游离参与的学员。

· 不得在营地中吸烟、饮酒、赌博，不得带领或纵容未成年学员吸烟、饮酒、赌博。

3. 自律审慎

营地导师在从事职业活动的过程中，应保持周密慎重、自律严谨的工作态度，将个人职业行为与企业、行业发展关联起来。自律审慎体现了营地导师的责任担当，主要包括以下几个方面：

· 不得有损信誉。在营地中，营地导师的行为不仅代表自己，同时也代表着整个营地。保持自律、维护自身形象与营地形象是营地导师需履行的义务。

· 不得过度承诺和评价。营地导师需要接纳学员个体的独特性，客观公正地评价营地教育对不同学员产生的教育效果，不得向学员及家长做出过度承诺和评价。

· 注重自身修养。营地教育中，学员会受到营地导师潜移默化的影响，因此营地导师自身必须树立正确的人生观，修身养性，成为学生的好榜样，达到“润物细无声”的教育效果。

三、营地导师职业伦理问题的处理原则

当发生职业伦理问题时，营地导师应按照如下原则处理：

· 营地导师有义务向上级领导客观如实汇报职业伦理问题事件；有权利反映在职业伦理问题事件中，个人秉持的态度和观点。

· 营地导师有义务尊重学员的观点和感受，不得与学员发生冲撞或私下和解；有权利向上级领导表达个人对职业伦理问题的评价。

· 营地导师有义务配合主管部门调查职业伦理问题，并执行处理结果；当营地导师对职业伦理问题处理结果不服时，有权利进行申诉。

· 营地导师有权利选择接受或不接受职业伦理问题的处理结果；但有义务承担由此产生的后果。

四、营地导师职业伦理案例剖析

一张珍贵的入场券

小M是一名初三的学生，厌学、叛逆，在学校没有什么朋友，总觉得老师同学针对自己。小M经常向家长抱怨老师针对他，可爸爸妈妈每次都回应道：是不是你真的做错了什么，或者老师批评你也是为你好等等，最终往往以一场家庭战争结束毫无效果的沟通。到了初三上半学期的时候，小M对老师的批评、家长的教导已经完全不在意了，一副自暴自弃的样子。每天一回到家里就拿起手机不撒手，父母一提起别玩手机写作业的事情，小M就大发脾气，甚至跟父母说不想上学了。

束手无策的父母把孩子送到了营地，希望营地导师能够在营地活动中多和小M聊一聊关于学习的事情，让他知道不学习未来就没出路，帮助他解决厌学的问题。导师通过和家长的沟通，从专业角度分析了孩子消极行为的根源，认为可以通过营地体验，从提高自我效能感着手，逐渐实现小M学习态度的转变。

刚入营地的时候，小M表现得和往常一样：很少和同组队友交流，一副我行我素的样子；有些玩世不恭，带着轻视的心态进入小组挑战，严重影响了小组的战绩；防御心理强，面对组员的不满，用一副不屑的神情回应，好像披着一层厚厚的铠甲，拒人于千里之外。对此，队友们对小M也颇为不满。

营地导师很快关注到这一情况。他们一边安抚着小M队友的情绪，鼓励他们用行动去鼓励小M；一边找到小M谈心，从他喜欢的游戏开始建立关系，肯定他在营地中哪怕一点点的努力，温柔地去接触他的内心。

小M在营地中的转折性变化，是由一张入场券开始的。营地课程中，需要孩子徒步到海边搭建帐篷露营，同时各小组要完成相应的任务，根据小组的整体表现和组员的个人表现挣取金币，相应的金币可以兑换当天晚上篝火晚会的入场券。受到小M的影响，他所在小组获取的金币数量不多。到了晚上，队友们发现小M没有足够的金币兑换入场券，非常着急，聚在一起为小M想办法。可是小M却摆摆手说："我今天困了，正好不想去参加篝火晚会呢，你们别多管闲事了。"然后一个人漠然地坐到了角落里。带队导师看到这一幕，觉察到此时小M只是在用无所谓掩饰内心的羞愧，用拒绝伪装成外表强大。

带队导师把议论纷纷的小组成员聚在一起，先肯定了每个组员在课程中的表现，强调了团队的作用，又询问了他们对于这件事情的看法。小组成员纷纷表示既然我们是一个团队，篝火晚会上就不能落下一个。队友们一起商量该如何帮助小M获得兑换入场券的金币。

很快，队友们就商讨出对策，他们拉着小M一起找到主训导师，希望导师能够给他们一次机会，让他们以协助清洁工打扫篝火晚会环境卫生的劳动，为小M换取一张晚会入场券。看到孩子们一脸的真诚，看到他们的互助互爱，主训导师征询了小M的意见后，欣然应允了大家的请求。

当小M和伙伴们一起围在篝火旁唱歌跳舞的时候，眼角隐隐地闪动着什么。篝火晚会结束后，他默默地开始捡拾现场遗留下来的垃圾，一个人、两个人、三个人……越来越多的孩子聚拢过来，没有怨言、没有敷衍，每个人都认真安静地蹲下身、弯下腰……不一会儿，沙滩干净如旧。

在后面的营地课程中，小M开始尝试和队友们一起合作完成任务。他承担了很多小组内的工作，每天忙个不停；主动上台发言，和大家分享他的感悟和成长。他会在小组分享时落泪，也会铿锵有力地表达自己的决心。营地结束的时候，他和伙伴们拥抱告别，依依不舍地约定下次营地再见。

回到家中，小M给营地导师留言。他说自己一直以来都很自卑，从来都不相信有人会真的喜欢自己。因为害怕失败和受到伤害，他只好一直逃避，一直伪装。这场营地中，他感受到同伴的支持和关爱，感受到导师的接纳和欣赏，觉察到一直以来困住他、否定他的不是别人，而是他自己。

从伦理细则分析，小M的案例中，营地导师的做法体现了以下几点：

1. 专业关系方面

·导师没有因为小M入营时的欠佳表现而对他产生偏见和不公，能够给予小M与其他组员相同的关注和关爱，做到了公平对待每一名营地学员。

·导师没有粗暴管教小M，而是看到了小M消极行为背后的心理防御，尊重小M的发展权，遵循了小M作为一个独立个体的发展规律，给他充足的时间和空间去实现个人的成长。

·导师在营地中敏锐捕捉到团队动力的发展趋势，在恰当的时机引导小组的团体动力方向，通过队友接纳、支持和关爱的力量，帮助小M实现了自我觉察。

·在营地课程中，导师参考家长需求的同时，尊重小M的发展规律，通过与他谈论兴趣、肯定他在课程中的微小进步等方式与其建立关系，逐步卸下他的防御，转化消极行为。这做到了既参考学员家长对营地教育的期待，也尊重未成年学员的营地教育需求。

2. 保护促进方面

·用金币兑换篝火晚会入场券是课程中的一项任务设置，绝大部分学员在课程设置的范围内是能够获得足够数量的金币换取入场券的。但是对于像小M这样的孩子来说，绝对化地执行任务标准、不给他获得兑换篝火晚会入场券金币的额外机会，不利于小M融入团队，可能对其心理健康造成不利影响。本案例中，主训导师从保护小M心理健康、促进小组成员成长的角度出发，灵活调整课程设置，给予小M和他的队友一次额外的机会，体现了导师的职业伦理水准。

·导师尊重每一位学员的意愿。当队友们向主训导师提出通过捡拾垃圾的劳动换取金币的请求时，导师在肯定他们团结互助、关爱队友的品质的同时，也征求了小M的意愿。这样既尊重了队友们的意见，也尊重了小M的选择权。

3. 责任担当方面

· 营地开始前，导师了解到小M家长的需求是让导师跟孩子多聊一聊关于学习的问题，让孩子知道不学习未来就没出路，解决孩子厌学的问题。导师没有直接承诺家长的要求，而是从专业角度出发，帮助家长分析了小M厌学背后的根源，科学公正地评估营地教育对小M可能产生的教育效果，并与家长达成一致意见。

· 当导师发现队友对小M产生不满情绪的时候，一方面及时安抚队友们的情绪，另外一方面积极关注、平等对待小M。导师的态度和观点对队友产生了潜移默化的示范作用。当小M面临困境时，队友们像导师一样给予他极大的关爱、支持和鼓励，可见导师成了引领孩子成长的榜样。

营地导师职业伦理是营地教育工作的教育性、科学性与专业性的体现。营地导师需要将职业伦理内化于心，通过伦理建设提升营地教育工作的服务水准和教育效果，保护导师和学员双方权益，促进学员健康全面发展。

本章要点

1. 营地导师的职业伦理原则包括教育情怀、任务目标、责任担当三个维度。
2. 营地导师职业伦理细则包括专业关系、保护促进、自律审慎三个层面。
3. 营地导师应按照职业特有的权利与义务处理职业伦理问题。

第四章

见哭兴悲——营地导师的沟通共情能力

共情是一种体验别人内心世界的能力，而别人的情绪是进入其世界的钥匙。

——人本主义心理治疗代表人物、美国心理学家卡尔·罗杰斯（Carl Rogers）

一、什么是共情

一次有温度的拥抱

小麦是一名初中生。这个年纪正是和自己的朋友们玩得好的时候，仿佛每天上学的快乐都来自于身边的朋友。转眼步入初三，要面对中考了，和他要好的两个朋友因为不是当地户口，需要回老家准备考试。好朋友要离开的这件事情，对小麦来说仿佛天崩地裂。那段时间他每天都精神不振、食欲不佳，以前特别勤奋的他学习也开始拖沓起来。妈妈在一旁看得很着急。有一次，妈妈和他聊起这件事。妈妈说："你们中考完就可以见面了啊，而且还有QQ、微信可以联系呀。”妈妈说完之后，一向脾气很好的小麦突然拍了桌子，冲着妈妈吼起来：“你能不能不要说了！”那一瞬间，小麦妈妈也觉得无比委屈、无助，可是她忍住去和孩子理论，而是开始考虑能够为孩子做点什么。

那个晚上，妈妈放心不下小麦，悄悄推开了他的房门。暗淡的灯光下，曾经那么阳光的一个小男子汉把自己捂在被子里抽泣着，不敢把自己的悲伤释放出来。妈妈看着很心疼但什么也没有说，只是静静地躺在了他的身旁，从背后抱着他。小麦先是忍着不想让妈妈知道他在哭。这个时候，妈妈说：“想哭就哭出来吧。”小麦从抽泣开始，逐渐哭出了声，最后转身抱着妈妈嚎啕大哭。就这样一直哭了很久。而妈妈始终在旁边默默陪着他。小麦终于平静下来，他问妈妈：“几点了？”妈妈说：“十一点半了。”他说：“我要去洗脸了，明天还要去学校呢！”那晚以后，小麦又恢复了原来的样子，情绪也好了很多。

后来，小麦和妈妈聊起这件事，他说：“妈妈，您说的道理我都懂，但是我的朋友离开了，我就是很难受。您说那么多道理的时候，我觉得您是一个很冰冷的人，一点也不在乎我的感受。但是，那天晚上在我哭的时候，虽然您什么也没说，但是我能感受到我的委屈、我的难过，都被您接收到了，所以我就哭得很厉害。哭出来也就发泄了出来，心情也好了很多。”

这件事也给小麦妈妈带来很多思考：“从前，我认为所谓和孩子沟通就是要说很多的话。这件事让我明白共情有多重要！共情让我体会到了他的情绪，感受到了他的感受；共情让我们变得彼此亲近，让我把对他的爱表达得如此热烈又如此自然、不带任何的装扮。”

共情（empthy）一词来自德国哲学家罗伯特·费舍尔（Robert Vischer）1873年首先使用的德文单词“einfühlung”，用来表达人们把自己真实的心灵感受主动投射到客观事物上的一种现象。1909年，英籍美国心理学家爱德华·铁钦纳（Edward Titchener）创造了一个英文新词“empathy”来取代“einfühlung”。他把“empathy”定义为：“一个客体人性化的过程，即感觉我们自己进入别的东西的过程。”这一概念随后受到心理学家，特别是心理咨询者和治疗家们的重视。卡尔·罗杰斯对共情进行了重要且影响深远的阐述，使得共情成为心理咨询和治疗中的核心概念：共情是指个体在观察他人的行为和情绪反应时，自动化地感染对方的情绪，并且引起自身类似的情绪反应。罗杰斯指出，共情的关键在于接纳对方的负面情绪，并且还要站在对方的角度去理解。要让对方知道，情绪没有好坏之分，任何情绪的产生都是有意义的，如何表达和处理情绪才是关键。共情也不只是接纳对方的负面情绪，而是站在当事人的角度去理解他。真正的共情是“如果我是他，我会怎么样”，而不是“如果同样的事发生在我身上，我会怎么样”。

卡尔·罗杰斯

共情不仅存在于人类，也普遍存在于动物界，这得到了动物行为学研究的证实。例如在著名的大鼠实验中，通过训练大鼠按动压杆来获取食物，但前提是每次按动压杆，旁边的大鼠都会遭到电击。实验表明，当大鼠看到同伴遭受电击时，就会停止按压，哪怕它无法获取食物。从实验中可以看到动物也是具备共情能力的。在一个用野生猴子所做的实验中，研究人员切断了猴子大脑中能支持共情的神经回路，然后把猴子放归原来的栖息地。结果发现这些猴子再也不能对其他动物的友善或敌意做出合理的推论，并退出了与朋友和家庭成员的联系。

二、共情和同情的区别

热心妈妈暖心爸爸

花花向父母倾诉自己最近在学校里和同学交往时遇到的困境。花花还没说完，妈妈先抹起了眼泪，越哭越大声。她哽咽着说："怎么会这样，我可怜的小乖乖！你怎么不告诉老师，让他帮帮你呢？"妈妈哭泣的时候，爸爸静静地坐在旁边聆听，他偶尔拍拍花花的背，轻轻抚摸花花的手，轻声安慰花花说："我能理解你，在学校里不能交到好朋友让你感到很沮丧，我会在一旁支持你。如果你愿意的话，我们可以一起来探讨一下怎么交朋友这件事。"

如果你是花花，你更愿意和谁接着聊下去呢？案例中爸爸妈妈的表现呈现了什么是共情，什么是同情。常常会有人把共情和同情（sympathy）这两个看似相近、实则不同的词语混为一谈。事实上，在心理学研究中，共情与同情的关系的确比较复杂。塔尼亚·辛格（Tania Singer）提出，共情和同情应该被看作两种不同的行为，主要原因在于，这两个过程激活的是不同的神经细胞和脑区。南希·艾森伯格（Nancy Eisenberg）等曾这样描述共情和同情：共情是对一系列情绪的替代性体验，而同情则是体会他人的不幸或关注他人的幸福。具体来说，共情与同情有以下三点不同之处：

1. 共情是从对方角度出发，同情是从自己角度出发

共情和同情带给人的感觉是截然不同的。以前面的案例来说，妈妈的情绪反应就是从自己出发，当听到自己的孩子遇到挫折时，她感到非常难过。而爸爸则在整个过程中，全身心地聆听女儿的讲述，对她的感受表示理解，以及表示可以提供支持，可以一起探讨如何解决问题。共情是你真正地进入对方内心，感受到对方的感受，明白他的痛处。这会让对方感觉到他真正被理解，似乎你就是他，你就是他的镜子，他能够在你的身上看到自己的情绪。共情的结果是对方感到被理解，他的情绪也会随之得到释放。

2. 共情是我与你感同身受，同情是我懂你的感受

共情要做到感同身受的前提是对对方立场和处境有充分的了解，而同情是以自身经验和感情为中心。共情是告诉对方：我对你的处境感同身受，我知道这对你很艰难。同情是：我懂你的感受，我觉得你很可怜。“共情”是——我掉进了井里，黑漆漆一片，正当我害怕无助之时，却发现，原来你也在这里！而“同情”则是——嘿，你在下面很难受吧！当营地导师和学员产生共情的时候，会让学员感觉被尊重、被接纳和理解。而如果仅仅是同情，会让对方仍然处在无力之中。

3. 共情不评判，同情给意见

同情者会劝导对方乐观，或者很热心地为对方提供解决方案；而共情者会陪着对方，接纳并理解他的情绪。上文案例中的妈妈说“你怎么不告诉老师”，这就是在给出建议。很多时候我们也会对于他人倾诉的困境回应“没关系的，乐观一点”等，这些语句都是从同情的角度出发。而共情则是你要接纳对方的情绪，你感受着他的感受，你理解他的需求，就可以不评判地听他说经历了什么。

三、营地导师为什么要具备共情能力

1. 共情是建立关系的基础

共情是一种设身处地为他人考虑，理解他人感情、想法、需求以及行动的能力。同时，共情也是重要的沟通交流能力，缺乏共情的人一般难以与他人进行有效顺畅的交流，人际交往会受到阻碍。与学校教师不同，营地导师与学员间建立的关系主要是情感链接。共情意味着理解与尊重。面对青春期孩子的各种言行，只有共情，我们才能理解他们，也只有理解才能做到真正的接纳。如果没有共情，我们就无法建立有意义的链接，人与人之间就像是一座座孤岛，彼此之间没有可以相互抵达的桥梁。因此对于营地导师来说，共情是他们和学员之间建立联系的通路，高共情能力可以更快更准确地帮助导师和学员建立高质量的情感关系。

2. 共情可助力洞察学员的内心

在营地中我们想要更多地了解孩子，除了从他们的父母或者同学那里去了解他们，更直接、更重要的是要去接触这个孩子本身，去看到他表面行为背后，他的内心有什么样的需求。就像我国教育学家李政涛所说：真正的教育是一棵树摇动另一棵树，一朵云推动另一朵云，一个灵魂唤醒另一个灵魂。而这需要营地导师具备高共情能力。

一次温暖的谈话

一场营地活动中，孩子们被分为几个“国家”，每个国家都有自己的“国王”。在一个团队竞赛项目中，小米国的几个公民失误导致了小米国整体表现不好，排名比较靠后。小米国的国王沙滩得知排名后情绪非常低落，独自一人坐在角落里。老师没有马上找他谈话，而是先让他自己待一会儿。课程结束后，老师像往常一样叫沙滩过来帮忙收拾课程道具。沙滩只是默默地收拾，没有像平时一样爱说话。老师问沙滩：“是在自责吗？”他停下了收拾东西的动作，看着老师点了点头。老师说：“你想要让团队变得更有凝聚力、更积极、更优秀对吗？我看到你在开始之前就带队认真练习了，作为国王你很负责、很认真，已经很棒了。”沙滩说：“可我们还是没有得到第一，就说明我是失败的。”

这时候，老师意识到，沙滩定义的成功就是一定要拿到第一。老师问他：“如果说得到第一是成功，那成功了你能得到什么呢？”沙滩说：

“可以得到老师和同学们的认可，还有爸爸妈妈的认可。”老师又问他说：“那你现在得到了吗？”其实，在竞赛结束后，失误的几个公民就找到沙滩，跟他道歉说自己没有做好，大家还赞赏了他，说他很照顾大家，训练也很认真。听到老师说的，沙滩恍然大悟：“老师，我懂了，是我自己不认可自己。”

在这个案例中，我们看到营地导师先是通过共情觉察到了沙滩的内心，再通过逻辑推理逐步引导他发现自己的问题。加强导师共情能力的培养，有利于提高导师对学员心理状态的认知，能更好地理解和满足学员的心理需求，减轻学员的心理压力，促使学员在营地中得到更强的支持，得到更多的成长。导师具备较高的共情能力，也会促进学员的情绪体验能力提升，促使师生关系更为融洽。

3. 共情有助于营地课程的研发与教学

营地课程中不仅有理论课，更重要的是配合理论的情景体验式成长课程。情景体验式教育更看重学员的感受，让学员在感受中觉察和探索，发现自己成长的阻碍和突破点。因此课程实施的时候，需要营地导师和学员的感受高度同频。这就意味着在课程研发中需要研发人员运用共情能力设计学员与导师更易于感同身受的课程。

“亲爱的”开场主持词

我邀请你，在此时此刻用心地看着你面前的孩子。亲爱的爸爸妈妈，我知道，我知道这个孩子他曾经无数次地让你失望，他甚至无数次地让你难过，他没有成为你心目当中的骄傲，他不是那么一个优秀而完美的孩子。可是，亲爱的爸爸妈妈，我想告诉你的是，他是第一次做孩子，他并不知道你想要的孩子到底是怎样的。因此，他只能按照自己的理解，尽自己的全力去做到他能做到的最好。

“亲爱的”是一堂亲子同修课。在这堂课中，导师需要及时感知作为孩子或者作为父母在此刻会有什么样的感受，与他们当下的感情链接，准确地调整课程的节奏和力度，只有这样，才会具有感染力，才能让学员融入课程，达到更好的效果。导师需要深入学员的内心，真切地感知他们彼此在经历着什么，就像这一段开场词不仅说出了爸爸妈妈的心声、对孩子的期待，也说出了孩子的委屈。这样从两个角度来进行共情，能够让这种亲子共修的课程更有温度。它没有偏向哪一方，而是真切地理解每一方的情绪和感受。这样的课程内容，能够让导师和学员之间、学员与学员之间彼此紧密地联系在一起，产生深切的共鸣。

四、共情的步骤

共情可以使导师通过换位思考的方式将自己置于学员的地位，去理解孩子的所思所想所为。通过共情，营地导师可以更好地理解孩子成长过程中的每一个想法，发掘孩子的潜能，陪伴孩子的成长。共情可以通过以下三个步骤层层递进：首先需要看到学员的情绪，然后觉察到学员的感受，最后是深度陪伴。这个过程中，共情能够帮助导师和孩子沟通，建立友好的关系，让孩子在营地中成长。

1. 看见情绪

（1）从学员角度看待学员及其存在的问题

阿尔弗雷德·阿德勒（Alfred Adler）曾指出：所谓共情，就是咨询师穿上患者的鞋子，来观察与感受患者的体验。

个体的生理发展、心理发展以及社会经验等都会影响其看问题的角度，所以共情的第一步是让自己设身处地地从对方的角度去看待对方当下遇到的困惑。在这个过程中，不仅要充分了解对方当下所处的环境，还要了解对方提到的相关的个人经历。

如何共情爱玩手机的孩子

第一次参加营地的小飞对这里既不熟悉也不感兴趣。他不愿意走进会场，就在会场外面玩手机。这时，营地导师来到他旁边坐下，看他玩的是什么，也没有说话。小飞很诧异，因为以前不管是父母还是老师，只要看见他在玩手机，都会大声批评他。在他的预想中，他已经在等待营地导师批评他了。而这样和营地导师发生冲突的话，他就有理由离开这里了。营地导师看小飞玩了一会儿后，小飞自己忍不住，停下手里的游戏看着营地导师。营地导师说："你怎么不玩了？"小飞问："你怎么不骂我？"听到这句话，营地导师一下就笑了，说："这是一件很正常的事情呀，我为什么要骂你？我看你在游戏里这么厉害，平时在团队里应该也很有领导力吧！"孩子听到营地导师的话，有些腼腆地笑了笑，说："还不错！"营地导师说："那走吧，里面有真人版的领袖选拔，去跟他们比一下啊！"小飞愉快地跟着营地导师进了营地会场。在后续的营地课程中，他也一天比一天积极。营地课程结束的时候，小飞已经彻底喜欢上了营地。

营地导师和学员的沟通是否顺利，主要取决于他是否能够共情学员，站在对方的角度去思考问题。这是彼此沟通的重要一步，也是能最快找到链接的一步。在这个案例中，营地导师并没有对小飞玩手机不参加课程的行为进行直接批评，而是共情对方，告诉他：这是一件很正常的事情。同时也告知小飞，还有比手机游戏更好玩的活动，可以去尝试参加。

（2）观察对方的情绪信号

在营地课程中，营地导师要会"察言观色"。导师要对学员的情绪有觉察，一方面需要聆听学员直接用言语表达的内容，另一方面需要重视他们用非言语传递的信息。比如一个学员说话的声调、语速，以及在活动中表现出的表情、动作、姿势等。学员的情绪会通过多种方式表达出来，而导师对情绪的观察决定了他是否可以抓住关键时机和孩子一起面对他所面临的问题。

危险的信号

一个妈妈说了这样一个故事：自己的孩子10岁了，性格一直内向，也不和身边的人多说话，没有什么朋友，每天行程就是按时上学放学。有一天，她发现饭量一向很少的孩子晚饭比平时吃的多了一些。一般情况下，爸爸妈妈会觉得，10岁的孩子正是长身体的时候，多吃点儿挺好的。但是，这位妈妈觉得情况有些异常。于是她给学校老师打电话，问孩子最近在学校的情况怎么样。老师说："孩子回去没有跟您说吗？他今天在学校尿裤子了，被同桌看见了。"妈妈从老师那里了解情况后，温和地和孩子沟通。孩子和妈妈说，当天上课的时候，因为不敢跟老师请假上厕所而尿裤子，后来被同学嘲笑，当时觉得特别难堪、特别尴尬。妈妈鼓励孩子，以后如果遇到上课想要上厕所的情况，要勇敢地举手告诉老师自己想要上厕所；当然，在课间也要及时处理上厕所的事情，做好上课的准备。

本例中，因为妈妈敏锐的观察力，孩子的一个问题在当天就得到了解决。作为家长或者老师，我们需要具备观察孩子身上的细微变化的能力，因为这些细微的变化有可能传递了某种情绪信号。不同的孩子，会有不同的表达习惯。通过这些细节，我们才可能看到孩子真正的情绪，看到背后的真实情况。观察这些细节，永远是我们和孩子进行良好沟通的金钥匙和敲门砖。这种对于孩子需要的敏锐发现，也有助于孩子形成安全的依恋模式。

（3）使用身体语言表达共情

我们与人交谈时，都会自觉或不自觉地用身体语言表达自己的真正感觉。身体语言包括目光与面部表情、身体运动与触摸、姿势与外貌、身体间的空间距离等。美国传播学家艾伯特·梅拉比安（Albert Mehrabian）曾指出：无声语言所显示的意义要比有声语言多得多，而且深刻得多。他还列出了一个公式：信息的传递=55%的身体语言+38%的声音+7%的语调，又叫作"55387定律"。

一个人的身体语言反映他当下的感觉，比如拥抱，你与陌生人拥抱和好朋友拥抱力度肯定会不一样。恰到好处的肢体语言会拉近彼此之间的距离。

拥抱的力量

在一场大多数学员都是第一次参加的营地活动中，有一堂心灵成长课的主题是让孩子们突破自己的舒适圈，向着更好的自己出发。孩子在成长的过程中总会受到来自各方各面的质疑与压力，这堂课的一大环节就是鼓励他们在会场的舞台上勇敢诉说出来。当他们因为过去伤痛的记忆哭得泣不成声的时候，导师们一直默默地竖着大拇指无声地支持着他们；走下舞台时，导师们会给每人一个有力的拥抱，这个拥抱让孩子感受到力量和爱。很多学员后来在回顾营地收获时都提到：自己第一次敢于上台表达自我的勇气，都是来自于台下导师们无声的支持。看着导师们在台下高举的大拇指，收到下台时导师们的拥抱，他们觉得自己可以的。一个拥抱，让他们感受到了包容与接纳。

这就是拥抱的力量。拥抱的力量是神奇的，它让人感觉到完整和安全。中国人传统的表达方式是含蓄的。父母子女之间，即使很相爱，也很少会拥抱。一个学员在营地中分享道："在我记忆中，似乎从未与爸爸妈妈拥抱过。最亲密的动作是趴在他们背上撒撒娇耍耍赖。他们也从来都不会主动抱我，除了生病的时候抱我去医院。"在营地中，导师不仅要通过

课程中亲子共同体会如何拥抱

和学员拥抱让他们感受到温暖和力量，同时也要教会孩子：和父母之间也要学会拥抱。因为拥抱在家庭之中也是一种非常重要的表达爱的方式。

2. 觉察感受

感受是个体内部对事件的体验。对感受进行思考，会得到启发和认识。情绪是短暂的，因外物而产生；而感受是个体从内产生的稳定的体验。我们需要通过对方的情绪来看到其背后的感受。情绪有兴奋、高兴、悲伤、哀痛、恐惧、愤怒……而感受则有幸福、陶醉、满足、欣慰、平静、自在、舒适、疑虑、紧张、焦虑……在营地中，导师不仅要觉察到学员的情绪，还要认识情绪背后的感受。这需要营地导师时刻关注在倾听对方的过程中自己的内心感受，并核对是否正确，这样才会使学员意识到你是在感受着他的感受，从而愿意分享更多的信息。

聆听孩子真实的内心

风是一个在各方面的表现都很优秀的孩子，上课认真听讲，和身边的每一个同学都相处得很好，在营地中也让导师省心，可他妈妈却说风在家经常破坏东西，非常叛逆。导师带着疑惑和风聊起这个话题。风却和导师说起爸爸妈妈工作是多么忙，多么辛苦，边说边哭了起来。

在听的过程中，导师感受到风的难过，以及难过背后强烈的委屈。导师说："是因为父母工作太辛苦了，你才觉得难过吗？但是我感受到你又有些委屈，是这样吗？"话音刚落，风就泣不成声。导师静静地陪着他，直到他渐渐缓解。风说："爸妈太累了，要是没有妹妹，他们可能不会这么辛苦，都怪妹妹太调皮了。"导师继续和孩子确定他的感受，说："是因为妹妹调皮，所以爸爸妈妈陪妹妹的时间比较多，让你觉得孤独和委屈吗？"孩子不断地点头，开口说了很多心里的委屈。

这时导师已经可以确定，风在心疼父母的同时，也心疼着自己，他内心深处的感受没有被父母看见。他在家里的叛逆，其实是因为他想要得到父母的关注，想要被爱，被呵护。后来，在营地活动中，导师特别注意风的情绪，也引导他在适当的时机分享自己的感受。随着风逐渐倾诉出自己的感受，他的情绪也慢慢变得平和。

从本例中可以看出，在营地中，导师需要觉察到学员的真实感受，并和他确认。这个过程能够让学员感受到，导师是懂他的，对他的痛苦是感同身受的。这样的共情，能够让导师更深入地理解学员的感受，从而引导他说出心中存在已久的问题。

3. 深度陪伴

从看见情绪，到觉察感受，这两步已经让学员对导师产生一定的信任。而最后一步就是走向更深入的共情，让学员感受到“我与你同在”，让学员能感知到导师和他的情绪在一起，和他的困扰在一起，和他的希望在一起。这就是最好的疗愈和支持。

有一句话说：“没有在黑夜里哭过的人不足以谈人生。”营地导师作为共情者，就是要能够看见孩子在哭，并且愿意走近他，和他接触，感受着他的感受，愿意和他一起在黑夜里去寻找一束光。

本章要点

1. 共情的关键在于接纳对方的负面情绪，并且还要站在对方的角度去理解。要让对方知道，情绪没有好坏之分，任何情绪的产生都是有意义的，如何表达和处理情绪才是关键。
2. 共情与同情不同，共情从对方角度出发、与对方感同身受、不作评判。
3. 共情是导师建立关系、洞察学员内心、研发并教授营地课程的必备能力。
4. 共情有三个步骤：看见情绪、觉察感受、深度陪伴。

第五章

呼风唤雨——营地导师的场构建能力

好的场域，拥有充满爱和创造力的社会关系，关注孩子的个人需求和个人能力。在那里，孩子们也学会了相互尊重。

——组织学习大师、美国麻省理工学院教授奥托·夏莫（Otto Scharmer）

一、何为场

人人都是天生的舞蹈家

有这样一节营地课程：通过音乐和舞蹈的形式让大家尽情舞动自己的身体，由外及内，由身体的放松引起心灵的打开，在属于自己的舞台上享受一场自由自在的“舞蹈”盛宴。

课程中，所有灯光都会关闭，学员戴着眼罩，只需要用耳朵静静聆听，跟随音乐进行舞蹈。一开始，很多学员都放不开，动作拘谨，有些人甚至不敢活动身体。随着导师的逐步引导，学员们开始放下防备，轻轻挥动自己的手臂，踮起自己的脚，晃动自己的躯干，当学员们感受到越来越多的自由、安全、接纳，渐渐地，他们开始大幅度晃动手臂，跟着音乐肆意舞动，尽情展现自己的身体，让自己全然放松，全身充满力量。借助这种舞动身体的方式，学员们开始一步步敞开自己的心灵，感受内心的情绪，释放过往被压抑的情感。

这一课程构建了一种场域，在这个场域中，学员们感受到足够的安全和自由，可以完全地放松自己，将身体交给内心，随心而动。这一场域的构建，既包含音乐、场地、灯光等物理条件，也包括课程中导师言语和情感的逐步引导、小组助教无时无刻的保护和接纳、伙伴间的相互陪伴和支持等心理因素。它们共同构成了一个轻松的心理动力场。

“场”是社会心理学的一个重要理论，它起源于19世纪中叶的物理学概念。场的原意是指因物质间的相关作用而产生的能量，如引力场、介子场、量子场、电磁场等。心理学的场域理论最早由格式塔心理学家库尔特·考夫卡（Kurt Koffka）提出，是指人的每一个行动均被行动所发生的场域所影响，而场域并非单指物理环境，也包括他人的行为以及与此相连的诸多因素。1936年，拓扑心理学创始人、被誉为“社会心理学之父”的库尔特·勒温（Kurt Lewin）将场定义为相互依存事实的整体，即个体与环境相互作用的一种整体形态，创造性地提出了场动力理论。勒温的场动力理论认为，场具有动力性和交互性的作用。只要人内在心理场存在需求，就会产生内部力场的张力。人体动力的产生就是源于人自身内部心理紧张系统的释放。在此过程中，环境起着导火索的作用。据此，勒温提出了场动力理论的公式：B=f（P·E）。其中，B为个人行为的方向和向量，P为个人的内部动力，E为环境刺激，f表示一种函数关系，即各种力量之间的相互作用。在勒温的场动力理论中，人的行为是个性特征与环境相互作用的函数关系或结果。

场域理论对营地教育起指导和推动作用。营地教育是一种在户外以团队生活为形式，并能够达到创造性、娱乐性和教育意义的持续体验。通过领导力培训以及自然环境的熏陶帮助每一位营员达到生理、心理、社交能力以及心灵方面的成长。好的场域有助于营地教育中团队的构建，有助于课程体验的持续性营造，并对营地教育的效果起到推动、催化、维持与定向的作用。反之，一旦场域构建出现问题，课程效果也会大打折扣。

二、场的分类

当代营地教育，以教育学、心理学、社会学等跨学科理论与实践为依据，鼓励引导青少年发现潜能，培养他们在新时代社会多元化背景下共处、共赢所需要的多种意识与能力，如自我认知、情绪状态、沟通协作能力、生存能力、学习能力、领袖力等。一般来说，营地教育中通用的场域有四种：游戏场、学习场、社交场和心理动力场。

1. 游戏场

游戏是一种基于物质需求满足之上的，在一些特定时间、空间范围内遵循某种特定规则，追求精神世界需求满足的社会行为方式。它是一种主动、自愿、愉快假想的社会性活动，是在某一现实场景中，遵从一定规则，伴有愉悦情绪，自发、自愿进行的有序活动。营地教育中的游戏主要是指现实活动性游戏。现实活动性游戏允许人们在模拟情境下挑战和克服障碍，帮助人们获得快乐、开发智力、锻炼思维和反应能力、训练技能、培养规则意识等，团队类的游戏还可以培养团队精神和战略战术意识。

游戏这一轻松快乐的形式，使营地课程的破冰、营造氛围、建设团队等任务可以顺利完成。例如，开营第一天会组织学员进行大量的互动游戏，其主要目的是帮助学员相互认识、彼此熟悉，加强新团队的凝聚力。开营后，每一天的课程正式开始前都会进行一场小游戏，这是为了唤醒学员的心理状态，使学员做好开始上课的准备。课程进行过程中也会融入大量的趣味性游戏，旨在快速调动团队氛围，提升学员参与课程的积极性。

“蜈蚣竞走”

“蜈蚣竞走”是营地活动中一项非常实用的开场游戏。该游戏要求以小组为单位，本组成员排成一队纵列蹲在地上，后面的学员用自己的双手抓住前一名学员的脚踝，从起点线开始，一组学员像蜈蚣一样一起蹲着向前走。整个行进过程中不能站起来，所有抓住脚踝的手也不能松开，最先全员通过终点的小组获胜。

“蜈蚣竞走”这一游戏可以使小组成员快速熟悉，形成团体意识。在共同目标的驱使和带动下，小组的团队凝聚力增强，课堂的整体氛围被带动，呈现出良好的游戏场。

游戏中的营地学员

在营地课程中，不同游戏的设计目的也不同，比如“大风吹”是为了快速营造整体氛围，“解手链”能够增强团队合作意识，“你比我猜”可以提升小组成员的默契。游戏场的核心就是营造一种轻松、快乐、自由的环境，快速调动现场气氛和学员的参与热情，培养团队合作意识。

2. 学习场

学习是人在生活过程中，通过为获得经验而产生的或潜能的、相对持久的适应性变化。学习的目的是掌握知识或者技能，为自己的将来打好基础，作好铺垫。学习是一个提高自己的过程，正如人们常说的“学以致用”，学习就是为了将来的发展。

营地中学习场的设计，主要是为了营造与某一理论或知识相关的场景，结合实际生活中的例子，通过让学员亲身体验的方式，让理论这种无形的知识转换成可以感知的存在，学员在实际感知中进行个人练习和小组间的互动交流，在体验中学习、在学习中体验，以达到将知识完全内化的目的。

每个人都是舞台的主角

卡耐基有言：“一个人的成功85%靠他的人际沟通和演说能力，只有15%靠他的专业技能。”如何更好地与人沟通，如何在公众场合进行一场完整的演说？营地课程“演讲之声光电气”应运而生。

顾名思义，“演讲之声光电气”从“声”“光”“电”“气”四个维度培养学员的演讲能力。声，是指声音要有足够的音量，要有比较优美的质感，还要有丰富的情感；光，要带着你是光，你要照亮全场，你是爱，你要带着对全场人的爱去感受、去帮助别人的心态；电，要让听众触电，要真实，要让你的情感、内容有起伏，紧紧抓住听众的注意力；气，要有气势，接地气，与听众互动。声、光、电、气四点合一，就可进行一场完整的演讲。

“演讲之声光电气”采用理论讲述加实操演练的形式。首先让学员对声、光、电、气四个维度的理论和方法有一定认识和了解。在了解的过程中，针对每一维度进行单独的训练，运用刚刚学到的技能进行实地演讲，直到学员熟练掌握每一维度。接下来采用情景模拟，让每一位学员根据特定主题准备一篇演讲稿，结合所学的声、光、电、气实操技巧，进行一场完整的舞台演讲。

“演讲之声光电气”的学习，可以让学员的演讲更加饱满，更加有质感，更加富有激情，也可以让演讲内容得到更多人的认可，收获更多人的爱，体验到更多的价值。

演讲中的营地学员

营地课程在认知与技能方面的教育内容还有生存技能、生涯规划、沟通与社交等。通过构建知识或技能所需的实用场景，采用理论与实践相结合的教学形式构建营地中的学习场，非常有利于学员学以致用，能够将学习到的知识快速迁移、运用到实际的学习和生活当中，真正内化为学员自身的知识与能力。

3. 社交场

社会交往，简称“社交”，是在一定的历史条件下，个体之间相互往来，进行物质、精神交流的社会活动。社会交往系统的基本要素包括社会交往的主体和客体、交往力、交往关系、交往的意识、交往的需要和交情等。其中，交往力是指个体进行社会交往活动的能力。交往力发展水平的标志是交往工具，主要有语言、通信手段、运输工具和货币等四大种类。

营地中构建社交场，是为了让学员彼此之间有更多的交流、体验、感悟和实践的机会，形成社交关系，必要时可以相互配合，互相协作，互相分享信息、思想和情感。沟通是营地社交场中最常见的社交形式，主要包含言语沟通和肢体沟通两种类型。

言语沟通是人类特有的能力，分为对话言语、独白言语和书面言语三种。对话言语是指两个或两个以上的人直接交际时的语言活动，如学员间或小组内的分享、讨论。独白言语是每个人独自进行的，与叙述思想、情感相联系的，较长而连贯的语言，如个人演讲。书面言语是指一个人借助文字来表达自己的思想或通过阅读来接受别人的影响，如学员用纸笔的形式记录感想。

肢体沟通包含肢体动作和面部表情。肢体动作是指通过头、颈、手、肘、臂、身、胯、足等部位的协调活动来传达思想、形象地表情达意的一种沟通方式。在营地体验式课程中，动作沟通是最常见的一种传递情感的方式，如各项仪式，舞蹈类课程，以及课程中击掌、拥抱、赞许等手势动作的运用。面部表情是指通过眼部肌肉、面部肌肉和口部肌肉的变化来表现情绪状态、传递信息。这里要特别说明的是眼神沟通。眼睛是心灵的窗户，眼神是心灵的语言，眼神沟通是一种通过人与人之间相互对视产生心理变化的交流方式。在某些情况下，眼神交流会引起强烈的情感共鸣。如营地课程“阴阳舞”中，阳舞为刚性，透过眼神展露出来的是刚强、坚定、决心和力量；而阴舞为阴性，传递的是柔软、温情、包容和接纳。眼神不同，传递的情感不同，得体地运用眼神交流，可以更好地表达感情、传递信息。

夜空中最亮的星

2019年3月，一个网络流行词悄然流传，那就是“夸夸群”。夸夸群是一种专门用来以华丽的辞藻全方位地、疯狂地夸奖群友、吹捧群友的多人群聊。在夸夸群内，被人夸奖是家常便饭。加入一个夸夸群，把自己脆弱的一面表现在一群陌生人面前却不用担心舆论压力，反而这些陌生人会想方设法地夸赞你。虽然知道这种夸赞只是单纯的安慰与鼓励，但被夸赞者仍然可以感受到被认可和被尊重的开心。夸夸群里“夸夸”包含的心理学原理，主要是夸奖者寻找到被夸奖者身上的优秀品质和特点，给予被夸奖者正面且具体的反馈，也就是我们常说的“积极反馈”。人们渴望得到关于自己的积极反馈，这会促使其产生积极的情绪，有源源不断的动力去创造美好的生活。

营地中同样有会起到类似作用的课程——“好肉”。在“好肉”课程中，小组成员每个人都有一双发现美的眼睛，能够看到周围人的优点。小组围成马蹄形，成员逐一来到“马蹄”的开口处，接受大家的欣赏和表扬，只需要静静地倾听，坦然地接受，认真享受大家对自己的认可和肯定。而小组内的其他成员，要将营地期间与这名成员相处过程中在他身上发现的优点与特长大胆地表达出来。所有人都要发言。言语赞扬过后，大家还要把手伸出来揉揉他的头发，用爱的手指射向他。一切完成后，他再与下一位拥抱交接。

社交场是营地课程中普遍存在的一种场域。营地中，学员之间不是孤立的，而是相互联系的整体。“好肉”就是通过言语沟通、眼神沟通、动作沟通等方式，构建一个社交场。这个场可以让团队成员在彼此的欣赏中增进信任感，让学员能够感受到自己的伟大与团队的温暖。良好的社交，是个体认识产生、深化和发展的必要条件，有利于促进个体的全面发展。

4. 心理动力场

心理动力的概念由精神分析学派提出，指的是人类一切精神活动的内在驱动力。弗洛伊德（Sigmund Freud）认为，存在于无意识中的性本能是人的心理的基本动力，是摆布个人命运、决定社会发展的永恒力量。20世纪20年代，随着进化论强调有机体对环境的适应和行为的驱动力，心理学研究者逐渐对动机这一领域产生了兴趣，开始出现侧重研究行为的动力和动机的动力心理学。

心理动力，包括需要、动机、价值观和意志等，决定个体对现实世界的认知态度和对活动的选择与偏向。心理动力在一方面探讨个体心理和行为发生与改变的内在动力；另一方面，也探讨需要和动机是否满足带来的行为反应，即情绪。心理学家伊扎德（C.E. Izard）认为，情绪是人格系统的组成部分，也是人格系统的核心动力。情绪的主观成分——体验，是起动机作用的心理机制，是驱动有机体采取行动的力量。

如果客观刺激物的属性和特征符合个体的需要，人们就感受到积极情绪，推动有机体采取积极的行动。反之，个体如果不需要客观刺激物的属性与特征，则感到消极情绪，采取消极的行动规避之。如果一个人长期处在消极的情绪状态，如忧愁、悲伤、愤怒、紧张、焦虑、痛苦、恐惧、憎恨等，就很容易失望、悲观，放弃自己的愿望，或者产生攻击性行为。

营地中心理动力场营造的是一份突破、一份力量，一份破釜沉舟的勇气，一份全力以赴的决心，是为了使学员产生高涨的情绪体验，在课程中释放压抑的消极情绪，强化积极情绪。通过情绪的改善和调节，激活内在动力，调动学员的动机和意志，最大限度激发学员的内在动力，帮助学员重塑自信，以更好的状态面向未来。

游戏场、学习场、社交场、心理动力场，是营地中最为常见的四种场域。四者的关系是：游戏场，是进行其他场域的先决条件，只有通过游戏场，才能最大限度地激发和调动学员参与课程的积极性；学习场是核心，作为一种获取知识、交流情感的重要方式，学习场能够带给学员实用的知识和技能，以及收获的喜悦；社交场，作为一种内在需求，是学员参与营地活动不可缺少的一项重要内容；心理动力场，作为内在动力的激发，从心灵层面使学员打开内心，释放过往压抑的情绪情感，突破枷锁，重塑自信，勇敢走向未来。

三、场构建的能力要素

结合场的四种分类，不难发现，要想构建一个好的场域，营地导师必须具备包含游戏、学习、社交、心理动力等方面的知识储备和技能要求。导师要有稳定的人格结构，能够带给学员积极、正向的引导和支持。结合教师在教育教学活动中为达到有效教学所必须具备的一系列信念、知识、技术等实践性知识，我们将营地中场构建的能力要素分为自我认知、情绪调动力、场感知能力，以及情境反应能力。

1. 自我认知

营地导师的自我认知包括自我概念、自我评估、自我教学效能感、对自我调节的认识等。自我认知的有无及强弱，在导师能否正确运用“自我”进行教学中极为重要。在营地的体验式课程中，导师是否了解自己的特点（性格、气质、能力等）和教学风格；是否能够扬长补短、适度发展；是否能够从错误中学习，并及时调整自己的态度和行为，都对场构建具有重要影响。

2. 情绪调动力

情绪是情景体验课程中最重要的元素，也是一名优秀的情景体验课导师必须具备的能力。对一名体验课程导师而言，快速调动情绪，灵活使用情绪，敏锐调整情绪，完整释放情绪，是讲好一场完美的情景体验课的关键。课程中，场需要的情绪并非一成不变，而是要按照课程设计经历快速转变。这就要求导师具备快速转变情绪的能力，因为导师的情绪，引导、影响、感染着台下的每一位学员。

3. 场感知能力

场感知能力，即对构成场的各条件要素是否达到教学设计要求的感受能力与认知能力。如物理条件，对环境中视觉的营造是否充分；听觉的营造能否调动学员情绪；嗅觉的营造能否带给学员镇定、舒缓的感觉；触觉的营造能否表达出彼此的共情、爱意等。又如各心理条件能否引导学员进行高效准确的信息加工、构建认知结构；能否调动学员的积极情绪，释放被压抑的情绪情感；能否调动学员内部动力，积极、主动地投入课程等。

4. 情境反应能力

情境反应能力通过导师临场的教学机智反映出来。教学机智是导师做瞬间判断和迅速决定时自然展现的一种行为倾向，它依赖于导师对情境的敏感、思维的敏捷、认知的灵活、判断的准确、行为的变通等。它是直觉、灵感、顿悟和想象力的即兴发挥，在一瞬间把握事物的本质。情境反应能力同时体现了导师对学员的深切关注，是“有心”与“无意”的巧妙结合。

四、场构建的条件因素

掌握了基本的能力要素之后，为了更好地进行场构建，结合勒温的场动力理论，我们将场构建的条件因素分为物理条件和心理条件两部分。物理条件，即视、听、嗅、触四种感官系统所感知的外部条件；心理条件则是从知、情、意三种心理活动出发，直接作用于内在的心灵体验。

1. 场构建的物理条件

场构建的物理条件即指某一时刻围绕在个体周围的环境、事物、人物等客观因素。营地教育构建场的物理条件主要从学员的视、听、嗅、触四种感官系统入手。

（1）视觉。光作用于视觉器官（眼），使视觉感受细胞兴奋，其信息经视觉神经系统加工后便产生视觉。视觉是人和动物最重要的感觉，通过感知外界物体的大小、明暗、颜色、动静，获得对机体生存具有重要意义的各种信息。

·大小。在营地场构建中，视觉感知的大小主要有营地场室的大小，整体格局宽敞或是狭窄，这要根据不同的课程要求进行调整。

·明暗。同样也是影响场域构建效果的重要因素，如果是需要调动整体氛围的场域，灯光要明亮、强烈，以调动人的激情，激发内在动力；如果是私密的谈话，则应尽量将灯光调暗，昏暗的情境能够使人感受到安全、放松、舒适，有利于学员放下心理防御，敞开自己。

·颜色。主要指环境的整体色调，如充满童趣的彩色气球、色调一致的导师服装，又如配合不同课程要求所有人统一着装的主题服装等。

·动静。指的是场域所营造出的动作氛围，如为了让大家更好地敞开自己，可加入舞蹈元素，让大家的身体活动起来；若是为了让每个人静下心来自我反思，则要营造一种安静、祥和的氛围，让每一位学员和内在的自己静静地待一会儿。

（2）听觉。声音通过听觉系统（耳）的感受和分析引起的感觉即为听觉。物理震动所激起的声波有频率、振幅和波形的特性，由此决定听觉会产生对音色（音质）、音响（音强）和音高（音调）三种维度的感受。

·音色。指不同声音表现在波形方面的特性，不同的物体振动有不同的特点。在营地课程当中，音色主要表现为导师的声音、学员的声音、课程中穿插的不同音乐等。

·音响。指声音信号中主音调的强弱程度。如在不同课程中，导师在适当的时候声音洪亮或低沉，背景音乐也适时控制强弱。

·音高。指人耳对声音音调高低的主观感觉，主要取决于声波频率的高低与响度的大小。在营地冥想类的课程中，应尽量降低声音的音调，给学员以低沉、厚实、粗犷的感觉；而在活动类的课程中，则应升高音调，给学员以亮丽、明亮、尖刻的感觉。

（3）嗅觉。外界气味分子接触到嗅感受器（鼻腔），引发一系列的酶级联反应，实现传导，这就是嗅觉。营地课程中的嗅觉感受也至关重要。除了要保持空气的流通之外，还可以在场域内喷洒适量的香氛，起到镇定、安抚、舒缓等作用。

（4）触觉。皮肤深层有许多触觉小体，小体里存在敏感的神经细胞。当神经细胞感受到触摸带来的压迫，就会马上发出一个微小的电流信号，电流信号随神经纤维到达大脑，就能感受到这次触摸，大脑可以马上分辨出触摸的程度以及信号的位置，这就是触觉。触觉同样是营地场构建中非常重要的因素。营地课程中的击掌、牵手、拥抱等都属于触觉，有助于加深团队成员间的链接，表达安慰、认可、鼓励和支持。

2. 场构建的心理条件

人们在活动的时候，通过各种感官（物理条件）认识外部世界，通过头脑的活动思考事物的因果关系，并伴随着喜、怒、哀、惧等情感体验。这里所说的头脑活动就是场构建的心理条件，主要指某一时刻与个体有关的所有心理上的环境因素，按其性质可分为三个方面，即认知过程、情感过程和意志过程，简称知、情、意。

（1）知。“知”即为认知，指人们获得知识、信息加工及应用知识的过程，它包括感觉、知觉、记忆、思维、想象和语言等。人脑接受外界输入的信息，通过加工处理，转换成内在的心理活动，进而支配行为的过程就是认知的过程。

营地课程设计之初即需要在学员认知方面考虑如下问题：

· 认知过程。要考虑到主体目标是以问题解决为主要方向，即调动学员采用不同的方法达成某一问题的解决；还是以知识学习为主，即帮助学员掌握某种知识体系，形成认知结构。

· 认知风格。希望学员采用哪类认知风格，是通过内部分享讨论，从其他学员处得到启发，如从小组内部获得的赞扬和肯定；还是从学员独立的思考、内省中获得，如演讲中自己的所思所想。

· 认知能力。需要调用学员哪些能力，如观察力、记忆力、想象力、逻辑思考能力等。

（2）情。“情”是指情绪情感，是人对客观事物的主观体验和相应的行为反应，它反映的是主体需要和客观事物之间的关系。课程设计中，希望学员在每门课程甚至每个环节都有他独有的情绪。作为营地导师，在备课时应对课程中需要表现的情绪情感进行梳理，并绘制出情绪曲线，明确情绪的递进关系、爆发点、拐点等，针对不同种类、程度的情绪情感做出相应准备。

（3）意。“意”指“意志”，是人自觉地确定目的，并根据目的调节支配自身行动，克服困难，实现预定目标的心理倾向。意志是决策中重要的心理因素，是人的意识能动性的集中表现，在人们主动变革现实的行动中表现出来，对行为的发动、坚持、制止、改变等方面起控制调节作用。营地课程中的意志构建，在于如何调动情绪，激发学员内部动力，促使学员积极、主动地投入课程，并在课程的带动和影响下，承担相应责任。

在场构建的心理条件中，要特别注意知、情、意三者的关系。认知是情感的源泉，情感是意志的源泉。情感最初从认知中逐渐分离，它又反过来促进认知的发展；意志最初从情感中逐渐分离，它又反过来促进情感的发展。认知、情感、意志三者相互渗透、相互作用、共同发展，场构建中要综合考虑三者的作用，整体分析，缺一不可。

本章要点

1. 营地教育中通用的四种场是游戏场、学习场、社交场、心理动力场。
2. 场构建的能力要素有自我认知、情绪调动力、场感知能力、情境反应能力。
3. 场构建的条件要素有以视、听、嗅、触觉为主的物理条件和以知、情、意为主的心理条件。

第六章

日省吾身——营地导师的积极反思能力

教师的成长公式：成长=经验+反思。

——美国心理学家迈克尔·波斯纳（Michalel Posner）

一、反思促进营地导师的全面成长

辛苦的初体验

鳗鱼老师在营地教育中深耕8年了，带过很多的营地课程，深受孩子们的喜欢，下面是一次访谈中的对话——

问：您还记得第一次上台讲课的情况吗？

鳗鱼：我第一次带的营地就是一个特别大的营地。我表面淡定，但是内心其实在打鼓，脚都在发抖。我非常重视营地中的课程，上营地之前已经做了充分的备课。不管吃饭、走路，还是上厕所，脑袋中想的都是备课的事儿，甚至连着半个月说梦话都是讲课。有孩子问，老师，你是第几次带营地了？我说，是第一次。孩子说，看不出来呢。其实都是表面装作很淡定。

问：当时有没有难忘的经历？

鳗鱼：当时的课程安排，一个老师一整天都要讲话。讲到第四天的时候，我的嗓子已经完全说不出话来，一点声音都发不出来。还好最后一天的思维导图课有一大部分时间是孩子们自己练习，但是导师还是要讲一个多小时的课程。最后，我只能把一些重要的话打在屏幕上。那一个多小时，孩子们基本是看着屏幕听完的课。

问：您真是辛苦了。那您后来是怎样改进的呢？

鳗鱼：第一次讲课没有经验，才出现了这样的情况。虽然孩子们对课程没有提任何的意见，特别是对前几天课程的评价很高，但我还是进行了反思。我反思了讲课过程中应该如何更好地分配自己的精力和时间，把最重要的精力放在哪个环节上，既保证教学效果，又能让我更加轻松地完成教学任务。经过调整后，我又连续带了3个营地，再也没有出现过那样的情况。

鳗鱼老师在“天使领袖”营地中

从对鳗鱼老师的访谈中可以看出，对于新入营地的导师，即使准备得很充分，营地中也可能会出现各种意外的情况，因此，进行积极的教学反思非常重要。反思能够促进营地导师和课程之间进行更多的对话，为课程改进提供更多的思考角度和实践策略；反思也能够帮助营地导师不断改进、完善教学行为。对导师的成长而言，反思具有不可替代的作用。营地导师在反思中，不断促进个体和课程、和学员的互动，得到更多专业上的成长。所以说，有必要建立一定的反思机制，作为营地教育教研的重要组成部分。

从20世纪80年代开始，在西方教育领域兴起“反思”思潮，倡导将“反思”作为教师发展的手段，以此推动教师专业素养的提升。美国哲学家、教育家唐纳德·舍恩（Donald Schon）在20世纪80年代后期提出了著名的反思性实践理论，在全球掀起了反思性教育改革的热潮。舍恩指出，教学反思是教师对教育教学实践的再认识、再思考，对教育实践加以审视、分析、批判和调整，并总结经验教训，改进自己的教学的过程。教学反思的目的是为了达到更好的教学结果，进而促进教师自身的专业成长。反思性实践理论不仅应用于教师教学中，目前也已被广泛用于心理咨询、企业管理等领域。

我国教育界对教师的教学反思也提出了要求。在教育部2001年颁布的《基础教育课程改革纲要（试行）》中，对课程评价提出“强调教师对自己教学行为的分析与反思，建立以教师自评为主，校长、教师、学生、家长共同参与的评价制度，使教师从多种渠道获得信息，不断提高教学水平……周期性地对学校课程执行的情况、课程实施中的问题进行分析评估，调整课程内容、改进教学管理，形成课程不断革新的机制”。这是基础教育中对学科教师教学反思的要求。营地教育虽然不同于学校系统的学科教学，但是其教育属性也要求营地导师具备教学反思能力。

1. 反思促进导师教学能力的提升

教学反思一直以来是促进教师个人成长的重要手段之一。从营地导师自身专业发展来说，反思是一个提炼总结优秀经验的过程，也是一个发现自己的专业短板，以便进一步通过学习弥补知识和技能漏洞的过程。

反思中成长

清花老师是一名资深营地导师，在一次年轻老师培训中她分享到——

我们有一位老师，她平时说话语速较快，声调也高。一拿起麦克风讲课的时候，语速就更快，从音响中听到的就跟高声部唱rap一样。起初其他人告诉她的时候，她并不相信。后来在复盘反思的时候，她听到了自己的录音，用四个字总结道："不忍卒听。"有了问题，当然应该解决。她用什么方法解决呢？她把每次要讲的东西在课前边试讲边录音，然后自己再听。不仅听自己的，也听别人的。后来，她不仅说话语速慢了，而且整个人在营地课堂上也表现得更加从容。她说这些进步要感谢每次的课后反思。直到现在，她也保持着边试讲边录音这个习惯。

在课程的标准化培训中，我们也常常用反思的方法来促进导师的成长。比如，要讲课的导师需要在所有人面前试讲，负责培训的老师会及时反馈和点评，然后开展集体反思，分别从课程重难点的清晰程度、台风、互动形式、授课思路、课程目标的实现等方面进行回应。这种方式能够最快、最有效率地促进导师的成长。

清花老师（右九）为年轻导师进行培训

营地教育的过程中，导师必须不断进行反思。只有不断反思，导师才能快速成长，才能更加清楚如何给学员更多的支持。同时，对问题的反思，还能促进问题及时解决，这样可以快速迭代课程，减少错误可能带来的负面影响。

2. 反思提升课程研发水平

反思不仅会促进营地导师的个人专业成长，也有利于营地课程的研发。美国教育学家约翰·杜威认为，反思是一种特殊的问题解决过程。在营地教育中，通过反思可以得出新的经验，对课程内容进行整合，能够快速提升营地课程的品质，让营地教育活动能够更极致，给学员更好的体验。

爱是需要练习的

“家族魂”是一项以家庭为单位学习的营地课程，其教学目的是塑造家族系统中的代际传承和家风家训，打通子孙辈与祖辈之间的隔阂，同时激发孩子对于家庭的责任感和使命感。第一次课程结束后，家长们提出对于这门课程的需求是通过学习增进和孩子的亲子关系。针对家长的需求，课程的教学和研发导师共同反思应如何提升孩子和家长之间的互动。经过对整个课程的复盘，以及从家长和孩子那里收集到的信息，导师们确定了课程的重点：要让亲子都意识到，亲子之间的良好互动与有效沟通，不管对于父母还是对于孩子来说，都是需要进行学习的，而且需要不断练习。于是，“家族魂”课程中的活动课“听见你声音”出炉。整个活动的主要目的是提升父母和孩子之间进行沟通的能力。活动结束时，一个孩子上台分享道：“以前和爸妈沟通的时候，总觉得是对牛弹琴，觉得他们很不懂我，但是在今天的练习中我发现了，这是因为他们也需要学习如何沟通。每个人都有自己的局限，爸爸妈妈也是一样。今天，我第一次发现爸爸真的在听我说，然后认真地表达他的想法。我愿意和爸爸妈妈一起进步，让我们的家庭更美好。”

"家族魂"课程现场

营地导师运用自身的知识储备，捕捉到学员的需求，在集体反思中调动不同的知识，让彼此的思想在一起碰撞，开发出"听见你声音"活动课。反思并积极践行，促进了一堂新课的诞生。

二、营地导师教学反思的内容

1. 对导师个人的反思

教学的过程也是一个不断完善自己的过程。因此，营地导师需要对自己的教学行为和理念进行反思。比如是否能够在规定的时间内，保证讲授内容、环节的完整性；是否能够实现教育目标的达成；课程中重难点的处理是否得当；个人台风如何，在课程中是否能够根据内容应用恰当的表情、语言、手势和身姿等；面对课堂中出现的一些应急事件，是否能够灵活机智地解决……对这些方面的反思，都有利于课程的改进。

同时，随着时代的发展，一些教育理论、心理学理论在不断地丰富，因此，营地教育课程中涉及的相关知识也需要进行及时的调整更新。这就要求营地导师一定要及时更新自己的教育理念，要具备终身学习的能力，只有这样才能更好地胜任营地教育工作。

2. 对学员互动情况的反思

一场营地中，每一部分课程结束后，营地导师都需要对学员的互动进行反思，以便及时调整课程内容和教学手法，提升后面的课程质量。学员的互动非常重要，因为互动关乎营地整个课程的氛围，影响课程的整体效果。互动本身就是给孩子更多的机会去表现，以提升孩子的自信心。

互动不够的原因是多方面的，可能是营地导师营造的氛围还不够，也可能是孩子们融入得不够深，还可能和小组之间的差异性有关系。由于互动不够的原因是多方面的，营地导师需要在整个营地课程中，随时保持对学员的互动情况的关注。如果上午的课程讲的理论较多，互动不够，就需要让下午的课程变得有趣一些，提高孩子的参与意愿，促使学生尽快融入团队。对慢热型的孩子，导师需要及时发现并给予关注，比如可以通过点名的方式互动，用玩笑、鼓励等来帮助孩子及时融入团队。在课程中，有一点进步就要及时给他点赞、给他鼓励，让其他孩子认可他、了解他，帮助他建立在团队中的自信。在小组分组中也需要注意，不同个性的学员要搭配起来分组。一个小组里面的学员同质化过高会导致小组整体气氛的极端化。因此，团队分组的时候，要尽量保证将不同个性的孩子搭配起来。如果分配结果不尽合理，就要通过教学反思及时发现并采取补救手段，保证后续课程质量。

另外，对营地教育来说，学员也是营地课程的建构者。因此，营地导师要尊重学员在课程中的反馈，充分听取学员的想法。“儿童是儿童问题的专家”，用心倾听儿童的声音，尊重儿童的意见，有利于拓宽营地导师的教学思路，进一步完善营地课程。

3. 对教学内容的反思

在对营地课程进行反思时，需要考虑其教学内容呈现得是否合理、教学方式的选择是否符合学生的年龄特点、教学工具的使用是否恰当、教学方法是否能够激发学生的兴趣等。对这些问题的思考，能够让营地导师从意识层面、认知层面、行动层面对营地课程有更多思考，进而优化课程。另外，营地教学中存在很大的不确定性，因此，不可避免会出现一些教学失误。出现失误后导师要反思失误出现的原因，以便下次提前排查容易出现问题的环节和活动，尽量减少失误的发生。

4. 对营地教学环境的反思

在营地教育中，环境是基础，营地导师的职责就是基于环境和学员需求，设计、开发和实施符合学员个体身心发展规律的课程和活动。营地环境本身作为一个非常重要的要素，会极大地影响学员对课程的感受。因此，导师需要反思如何营造营地教育的场域，反思如何将课程和营地进行更好的结合。比如，在敦煌营地中，开营仪式最初的设计是和传统的开营仪式一样，但是营地导师对当地的风土人情进行考察，观看了关于敦煌的演出以后，决定设计一个重现古敦煌市场的方案。这个方案虽然在执行的时候遭遇了很多困难，但是学员的体验特别好（详见第三篇第七章）。换言之，营地教育中，有时候需要配合营地环境进行课程的改造，有时候又需要配合课程对营地环境进行改造。环境与课程的结合，能够让学员在营地中有更多的收获。

三、营地导师教学反思的方法

营地教育是实践性很强的领域，导师可以在自己的实践中反观得失，从而得到快速成长。掌握一些有效的反思方法，可以更有针对性地发现营地中的得失，激发导师的教学与教研能力提升。以下几种反思方法可以综合起来使用。

1. 撰写教学反思日记

反思日记是营地导师对营地课程进行反思的实用辅助工具。撰写反思日记的过程中，导师能够审视自己的教学情况，从而提升专业水平。当然，这种反思不仅是对自己教学行为的反思，还包括对同事教学行为的反思和总结。在日记中，不仅要记下教和学的成功与失败事件，还要有自己的分析、感想、体会及改进意见，使其为今后教学提供有益借鉴。以下提供了光和青春营地导师的个人教学反思表模板。

光和青春营地导师教学反思表

·在本营地教学或主持中最满意的地方有哪些？（成功的经验及具体行为表现）

例如：

（1）我在主持中完成了所有的环节，并且能够流畅地进行衔接……

（2）我将自己的故事作为课程的导入，这样更吸引学员的注意力……

·本营地教学中最不满意的地方有哪些？（说说具体的行为表现及其原因）

例如：

（1）我在第三天的主持中，由于没有提前沟通好日冠军的分数统计，只能现场统计分数，导致当时的课堂秩序比较乱……

（2）由于学员人数比较多，我在课程教学中，对于距离我较远的学员没有给到关注，导致他们对课程的参与程度不够高……

·后续如再上类似的课或做主持，将会在哪些方面进行改进？

例如：

（1）我会更充分地准备主持环节，对每个环节需要配合的物料等进行充分的沟通……

（2）我在今后的备课中要重点关注情绪投入，锻炼临场反应力，这样在心灵成长课上可以不受现场突发事件的影响……

·对于课程内容和设计的新思考和新建议有哪些？

例如：

（1）冥想部分引导词可以更改一下，现有引导词无法达到预期的放松效果……

（2）课程的导入部分时间过长，流程上可以简化一些，只保留主要部分，这样可以快速进入课程主题……

这个教学反思表反映的是营地导师在结束单次营地课程以后，对营地中值得关注的地方进行盘点、对成功的经验和失败的行为表现进行总结反思，以及在今后类似的课程应该如何改进、对这类课程的设计有哪些新思考和新建议，导师尤其需要反思的是，是否在教学中已经进行了创新，其效果如何。同时，从课程设计完毕到实施的过程中，应允许营地导师根据营地情况进行适配并持续改进。

另外，由于营地开课时间的特殊性以及营地导师授课时间的集中性（一般在寒、暑假营地开展最为密集），因此在单次营地教学反思的基础上，还应有寒、暑假营地阶段性反思，反思框架如下图所示。

光和青春营地导师阶段性反思框架表

在上个寒/暑假的营地中，我……

- 知道了……
- 能够去做……
- 可以教给同事如何去……
- 从学员那里学到最重要的事情是……
- 体会到关于教学最重要的事情是……
- 体会到关于自己最重要的事情是……
- 原有的教学假设和学习假设中，最能得到确证的是……
- 原有的教学假设和学习假设中，受到严重挑战的是……

通过对单次营地课程以及阶段性营地课程的反思，能够发现一些共同的问题。这些反思一方面有利于营地导师的成长，另一方面也有利于营地课程的进一步升级迭代，为学员提供更好的体验。

2. 集体对话反思

集体对话反思是通过与教研组的同事交流研讨来反思自己的教学行为，理解隐藏在教学行为背后的教学理念，提高教学能力的方法。个人反思总结囿于教师个体的知识和经验，有时候会显得狭隘和封闭。要想课程有新的血液注入，营地导师需打破营地教学中自我封闭的藩篱，进行同事间的对话。同一门营地课程，不同导师都会讲授，但各有风格，所以针对同一门课程，不同导师的特色在何处，如何更优，有什么自己可以借鉴或者规避的地方，这些都可以通过集体反思产生。

集体对话反思可以是两名教师为一组的相互点评，也可以是多名教师一起进行专题研讨会，导师围绕所讲授过的课程进行复盘，研讨相关的问题。这样的交流对话，可以从不同的角度来反思自己的授课行为，重新梳理课程的流程，明晰课程的核心理念。这样的集体反思，有利于导师对课程产生新的感知，会极大提升营地导师的授课能力。集体反思也可以在试讲后进行。试讲结束后，负责培训的导师和所有培训参与者进行集体对话，分别从课程重点难点、清晰程度、台风、互动形式、授课思路、课程目标的实现等方面进行反思。在集体对话的反思中，每一名教师都会受益，从第三方视角重新审视教学，为未来的营地课程教学带来新的感知和思路。

营地课程的技术小创新

“PVP商战”中，为保证公平，课程设计了许多细节。比如，原公司破产以后，不能同时有多于3人的原公司人员在同一家新公司工作；销售制作好的物品半个小时必须返回营地。这要求营地导师能够时时掌握各家公司整体的运营情况，比如了解每家公司的人员情况、营收情况、员工个人的业绩等。商战课程的规则研发导师阿祥说，商战课程刚开课的时候，营地导师每天都需要花很长时间来整理、核对这些信息，常常搞到后半夜。后来，大家在集体反思中提出，能不能设计一个小程序用来进行教学管理，“商圈”小程序由此诞生。这个小程序使课程省了很多人力，大大方便了营地导师们的日常工作，提升工作效率。利用“商圈”，他们可以时时观察每家公司的运营情况，更加方便地从事营地活动管理。

“PVP商战”营地中开会讨论公司经营策略的孩子们

“PVP商战”课程中开发的“商圈”小程序，大大提升了营地管理的效率。这也体现了在集体对话反思中，除了对课程反思，还可以对营地中各个环节进行反思。反思，不仅能够让一些问题被及时发现，还常常使营地中各个环节的运作更加高效。

3. 课堂录音、录像反思

营地导师可以通过收听、观看营地的录音、录像等相关记录进行自我反思。由于营地开课地点不固定，营地导师可能分布于全国各地，想要实现多位导师同时在现场观课学习的可能性较小，成本较高。所以通过录音、录像进行观摩反思是一种极为实用的营地教学反思方法。这种方式弥补了无法重现营地的缺陷，让导师以旁观者的身份观看自己和他人的营地教学录像、录音，及时发现教学中存在的问题，积极寻求解决方法。同时，观摩也能帮助不同的导师之间互相学习，在相互借鉴中自我反思，更清晰地了解到哪个环节应该如何讲授，如何才能将授课效果进一步提升。

特别地，营地教育中有很多情景体验式课程，收听、观看不同导师的课程录音、录像的时候，也需要对其情绪状态和现场反应有所关注。

4. 课前反思：“倒推法”和“B方案”

营地教育中的反思无处不在。通常意义上来说，所谓“反思”，都是在课程结束之后进行，其实在课程研发的过程当中，反思已经可以开始了。课前反思是课程研发中非常重要的部分，通过课前反思，导师可以提早发现一些弊端缺陷，以便及时规避。课程设计中一种很重要的方法“倒推法”，就是通过预测营地中哪些因素可能影响到课程效果，进而以此为预警设置。课前反思也可以理解成在课程设计中要有危机意识。因为任何一个课程，其实都是有潜在的负面因素存在，在课程设计时如果考虑得足够周全，就可以把大部分负面因素处理掉。例如，对于一项徒步类户外课程来说，最常见的影响因素就是天气，还有学员情绪、环境安全性，甚至课程的时长等。在课程设计之前，就要思考这些问题如何解决，如徒步当天下雨了怎么办。这种情况下，我们可以调整徒步课程的时间设置。如果徒步时间安排在营地结束的倒数第二天，那么当天下雨的话，徒步这项课程就没有办法补上。如果安排在前几天，那么即使当天下雨，后面还有机会补上这项课程。换言之，重要的课程应该设计在前面，如果出现什么不可控的风险，后面还有时间进行弥补。另有一种解决问题的重要方法就是设置B方案：如果原计划的A方案不能执行，需要有替代的B方案去解决问题。B方案的预备，能够对可能遇到的问题有预判预设，顺利实现教学目标。

四、总结

教学反思着眼于发现问题、分析问题、解决问题。我国当代教育家、华东师范大学教授叶澜曾经说：一个教师写一辈子教案，不一定会成为名师；如果一个教师能写三年反思，就有可能成为名师。营地教育本身有很多需要突破和创新的地方，因此，要在这个领域做得更好，需要不断进行反思和改进。同时，要坚持以发展的眼光看待营地教育中出现的问题，在不断的反思中，推进营地课程不断完善。

本章要点

1. 教学反思能够促进营地导师教学能力的提升，提高课程研发水平。
2. 营地导师教学反思的内容主要有导师个人、学员互动情况、教学内容、营地教学环境等。
3. 营地导师教学反思的方法包括撰写教学反思日记、集体对话反思、课堂录音录像反思、课前反思等。

第七章

推陈出新——营地导师的创新整合能力

好的营地教育一定要把当地的自然人文风景和课程、活动进行极致的结合。

——光和青春系列营地总导师PP

“志行天下”为什么让孩子这么痴迷?

参加过光和青春课程的孩子，都对“志行天下”这个课程充满痴迷。“志行天下”究竟有什么特别之处呢?“志行天下”的设计者PP老师表示：这个课程就是想要打造一个专属于青春期孩子的营地。青春期的孩子既不像小孩子那样满足于大象和海豚表演，又不像成年人那样焦急地把有限的假期行程填得不能再满。因为是青春期，他们可以把生命花在那些介于孩子和成人之间的浪漫上。他们可以徒步很远到一个荒无人烟的沙滩，升起冲天的大篝火，可以在海边露营冻得瑟瑟发抖，在下雨天的泳池里尽情撒欢……“志行天下”通过给他们安排有意义的旅行，让他们知道人生会有无限可能。

这样的课程，并不是让他们进行简单的观光，而是让他们在营地活动中不断认知自己、接纳自己、挑战自己，加深他们对世界的认识。例如，在一次“志行天下”的早间冥想活动中，PP老师和孩子们的分享如下：人类社会有三大类文化——大陆农耕文化、草原游牧文化和海洋商业文化。因为资源的多寡不同，造成了不同国家民族的性格、观念各有差异。在丽江古城，我们体验了与世无争的世外桃源；在孤岛上的“饥饿游戏”，我们体验了物竞天择、弱肉强食。作为处于中西文化交融的一代人，我们需要思考：东方的中庸无为与西方的竞争冒险，究竟应该怎样取舍？你是否可以做到既包容又竞争、既合作又自主、既保守又冒险，成为一名兼容并包的时代新人？”这样的分享，不见得所有的孩子都能听懂，但是，在他们的青春心灵世界中，有这样的课程、这样的老师和他们讨论这样的宏大命题，总会在他们心中埋下一粒种子，在未来的某一刻再次面对这样的问题时生根发芽。

PP老师（左三）和孩子们在“志行天下”

传统的课堂教育重视考试，重视对学生进行智力教育，其价值基础是以学科为基础，以知识的获取为本位。而营地教育是一种以人为本、以青少年儿童为中心的创新教育，其核心关注是如何激发学员对于知识的兴趣，激活学员的创造力，培养学员的团队合作能力和解决问题的能力。营地教育中对知识的传递不是通过灌输的方式，而是通过陪伴和引导满足青少年成长的需求。在陪伴和引导中，如何发现每一个孩子的个性，尽量支持每一个孩子的充分发展，需要营地导师具备创新整合能力。这种创新整合能力体现在，营地导师能够为他们量身打造适合的课程，这样的课程从内容到方法都要将青少年的特点和当地的人文自然景观进行结合。

一、营地导师为什么需要创新整合能力

教育本身就是一个需要不断创新的领域，不可能有一个完美的、一成不变的模式，即使是学校教育中也需要不断进行创新以适应时代的需求。而对于营地教育来说，由于以下两点原因，更加需要导师勇于创新、长于整合。

1. 营地教育本身没有成熟的模式可借鉴

随着生产力发展，科学技术日益发达，这引发了国家、社会、地区等对各级各类专门人才的大量需求，提高了教育在社会发展中的地位，推动了学校教育的发展。经过长期的发展，学校教育逐渐建构了比较明确的教育方法、教育内容、教育目标等。

和传统的学校教育相比，营地教育更强调体验和实践。近些年，营地教育在我国也越来越受到社会的重视。营地教育不是简单的旅行，而是以团队生活的形式，将教育、娱乐、体验、创造、发现等融合起来，让每一个学员得到身心成长。在营地的课程中，导师通过设计的各种活动，给孩子发现自己和展示自己的机会。这种体验式和探索式的学习，会让孩子对自己和世界有更多的认识。这点恰恰弥补了传统教育的短板。但是营地教育的教育内容、教育方法等并没有固定而成熟的模式可资借鉴。换言之，从教育创新的角度来说，营地教育本身就是一种教育创新。导师面对营地教育在教学内容、教学方法、教学活动等方面与传统学校教育的区别，特别需要具备创新整合能力。这就需要他们在发展中逐步确立明确的教育目

标，弥补学校教育的不足，促进学生将书本知识和生活经验深度融合。

2. 营地导师目前没有成熟的培养体系

从国家已有的相关专业目录来看，值得一提的是，2019年10月教育部发布的《〈普通高等学校高等职业教育（专科）专业目录〉2019年增补专业》文件中，在旅游大类里增设了“研学旅行管理与服务”专业。这个专业主要是面向旅行社、旅游景区等机构与单位开展研学旅行的新需求而设立。其目标希望能够培养“从事研学旅行项目开发运营、策划咨询、线路设计、课程开发等运营、管理及服务工作的高素质技术技能人才”。

从新专业的设立可以看出，随着社会的发展，一些新兴的职业对人才提出了新的需求。但是，从另一方面来说，要形成一个成熟的专业并非一蹴而就。尤其是现代社会，各个学科之间的融合加强，对跨专业人才的需求增加。营地导师这一职业，需要具备心理学、教育学、人类学、表演学等跨学科专业知识。目前，没有哪一个专业能够非常好地匹配营地导师的职责。这使得与其他已经有成熟培养方案的职业相比，营地导师的培养非常艰难。对于有志成为营地导师的个体来说，需要他们具备较强的学习能力，在已有的专业背景之上，能够对跨学科知识进行学习和整合。

二、营地导师需要在哪些方面进行创新整合

1. 教育理念

当今的青少年是在互联网时代成长起来的，他们所面临的世界是一个非常复杂的世界。他们既面临应试教育的压力，也处于一个日益娱乐化和消费主义的时代，同时还饱受青春期共通的社交、亲子关系等方面问题的困扰。可以说，今天的青少年，他们的个性、视野、阅历和思想已经发生了很大的变化，这样的变化也促使我们反思：作为教育者，我们提供的教育真的适合他们吗？作为成人，我们对青少年有着许多的期望，同时也有着许多的担忧。伴随着期望和担忧，我们如何为他们提供更合适的教育？

这是所有教育者需要首先思考和回答的问题。

瑞吉欧·艾米里亚教育体系（Reggio Approach）创始人马拉古奇（Loris Malaguzzi）曾说过，教育是由成人和儿童共同构建的。教育者首先应该要有合适的教育理念，这个理念要能够尊重、顺应孩子的天性，为孩子的充分发展创设有利的环境和活动。传统应试教育中，教育信息的传递是单向传递，重视说教，师生、生生之间的互动不足，缺乏体验和实践。这些弊端影响了学生的积极性和主动性，导致学生缺乏学习兴趣，也影响教育目标的实现。这样的理念必须进行革新，才能为教学方法的创新提供指导思想。教育理念的创新需要从两方面入手。首先，营地导师要转换角色。在营地教育中，与传统的教师相比，营地导师更像是一个教练，是学员进行学习活动的辅助者和协作者，是学员成长的“脚手架”。其次，营地导师要明确教育目标，即弄清楚教育要培养什么样的人。

探访纳西村寨

2019年初在丽江举行的营地活动中，有一个环节是第三日的下午在拉市海骑马划船。然而到了丽江才得知，为保护拉市海的湿地生态，当地政府出台了一个新规定，禁止在海子里划船。怎么办？总不能让孩子们在营地中闲一下午。面对突如其来的变故，营地导师想到，拉市海附近都是纳西族的村子，可以让孩子们去探访当地的纳西族爷爷奶奶。营地导师联系到当地一个纳西村寨的村主任。村主任对这一活动非常支持，帮导师联系了村中有老人的一些家庭。营地导师给了每个学员小组一户人家的地址，让孩子们自己去找。当时刚好是过年期间，孩子们找到对应的老人家里的时候，纳西族的爷爷奶奶都特别热情。老人还给孩子们拿出很多好吃的。爷爷奶奶们用浓重的方言，特别热情地跟孩子们交流。虽然听得一知半解，但是孩子们还是非常努力地去理解。参加营地的孩子听到爷爷奶奶们讲述了很多纳西族的民俗和传说。同时，爷爷奶奶们的分享，也引发了孩子们关于旅游经济对当地发展的推动作用与传统文化的曲解进行的辩证思考。

营地教育与传统的课堂教学相比，具有很强的不确定性，营地导师必须要从学员的角度出发，考虑学员的需求，并将其需求和营地实际情况相结合。对于孩子们来说，在拉市海划船骑马固然有趣，但是，在纳西村寨采访当地的爷爷奶奶，听他们讲过去的故事，也会让他们产生更多的思考。

2. 教学方法

自有教育以来，怎样才能让学习变得更轻松容易，使得学生能够顺利而有效地掌握知识技能，让其成长为一个知识广博、具有问题解决能力、富有创造力的人，是教师、家长以及整个社会都在思考的问题，要解决这个问题最直接的办法就是探索合适的教学方法。

在学校教育中，已经有很多教学方法被大量使用。在中小学比较常用的有教师通过语言向学生传授科学知识的讲授法；有学生在教师的指导下，运用所学知识反复完成一定的操作、作业和习题，从而加深对知识的理解和运用的练习法；有在教师指导下学习、运用一定的仪器观察事物的特征，探求其发展和变化规律的实验法；还有演示法、讨论法、研究法等。但是这些教学方法不能直接照搬到营地教育中。营地教育的教学方法，需要结合营地教育的目标、营地特征，以及学员的需求来设计、使用。

从孩子的角度来说，他们最大的幸福在于能够在一个充满支持的环境中生活、学习，在这个环境中，他们的需要、兴趣被成人关注，他们的天性得到释放。我国教育家张雪门先生指出，儿童的很多经验是在和外界互动的过程中习得，在这个经验和环境建立链接的过程中，成人的支持非常重要。在营地教育中，合适的教学方法能够支持学生的发展潜能，能够最大化促进学员个体的发展。

敦煌古城拉到会场来

在敦煌进行的“PVP商战”课程中，孩子们在开营第一天收到了很多的惊喜。他们一推开营地的大门，就看到舞台上有西域和汉朝的歌舞正在上演，有身着西域服饰的商人正在进行交易……孩子们瞬间以为自己穿越到了古代。

这其实是营地导师精心准备的开营活动。敦煌是“PVP商战”的营地之一，如何设计开营活动才能让孩子们体验到敦煌作为丝绸之路商贸大城的魅力，是导师们一直在思考的问题。

开营之前，导师团队已经对敦煌当地进行了多次考察，去敦煌古城调研，观看《又见敦煌》演出。在考察中，导师们真切地感受到敦煌作为丝绸之路中转站的重要意义。作为东西方文化的交会点，这里融合了太多值得关注的跨文化内容。导师们开始思考，能不能做出一个具有穿越气息的会场，把敦煌古城搬进来。

说干就干。导师们租借了敦煌当地一些影视公司的器材，把营地的开营现场塑造成古敦煌的沙洲市场。孩子们可以参与其中去体验当地的文化，在熙熙攘攘中感受丝绸之路拥有的热闹和繁华。

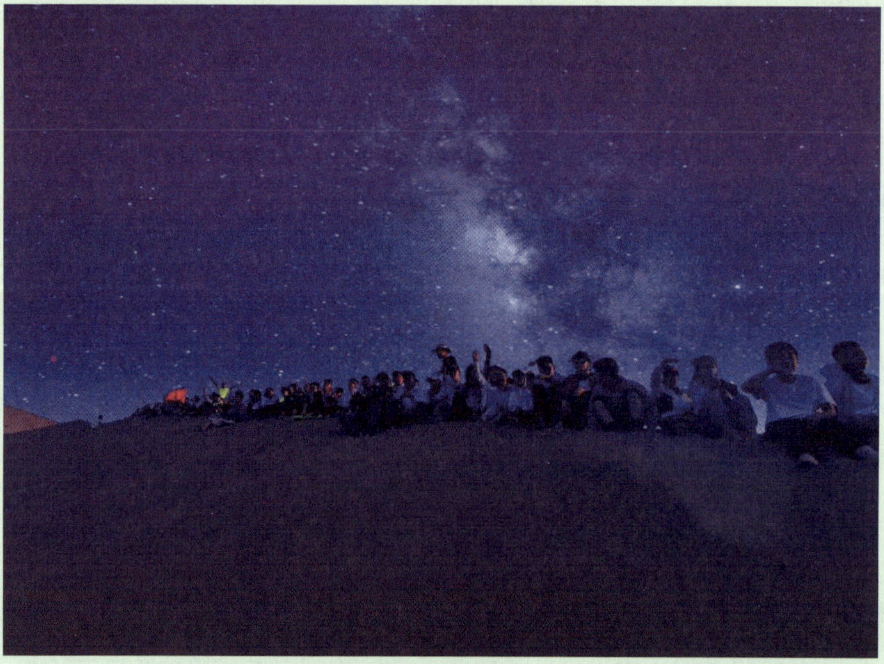

敦煌的夜

敦煌独特的地理位置使其成为中西方文明的交会点。不同相貌、不同语言的人来来往往，不同文化在这里碰撞交流。文化的交融带动经济的发展，使得丝绸之路成为一条繁盛之路。如何让学员体验到这一点呢？这就需要在教学方法上有所创新。这种沉浸式教学方法通过表演、场景搭建等方式还原现场，为学员提供一个接近真实生活的环境。把敦煌古城搬到会场来，能够让学员深刻感受到丝绸之路的商贸文化。营地教育中，这种沉浸式的教学方法值得大量使用。传统学校课堂囿于时间、空间等因素的限制，很难让学生有这样身临其境的感受，营地教育中这种教学方法的创新，能够大大弥补学校教育的不足。

3. 教育内容

传统学校教育中，教学内容是以学科文化知识为核心，结合儿童心理发展需求编排而成。在实际执行中，教育内容的设计存在着“课程内容即教材”的倾向，封闭、死板，忽视了与外部世界的紧密联系，忽视了学生对学习的参与程度。而营地教育并没有统一的大纲标准，教学内容的安排需要和学员的既有经验、营地特色等联系起来。只有把这几方面都融合起来，才能整合出对学员最合适的学习内容。在互联网时代成长起来的青少年，他们从经历、眼界到兴趣等方面的生命体验早已超越了传统学校所能给予的。我们需要反思，这个时代的教育到底应该给他们提供什么样的学习内容才能促进其身心的健康发展，帮助他们从容不迫地面对日新月异的新时代。

这是一块好肉

在海南的“志行天下”营地中，孩子们都来到了海滩上。除了玩沙，导师还特别安排了一场“海滩泳装秀”。孩子们需要穿上自己准备的泳装，走上红毯展示自己的身材，并且要对大家说：这是一块好肉！安排这样的教学内容的目的在于，要让这些青春期的孩子认识到自己身体的重要性，也要认识到健康的重要。小胖是一个真的有点胖的小男孩，在学校也曾因为胖被同学欺负，因此，他对自己的身材特别自卑。在营地中，他与导师和同学相处得很融洽。但是，在泳装秀活动中，出于对身体的不自信，他怎么都不愿意穿泳装。后来，看到大家玩得那么开心，他也慢慢放下自己心灵的包袱，穿上了准备好的泳装。等到营地课程结束的时候，他已经能够大大方方地拍着肚子上的肉说：这是一块好肉。

营地中的泳装秀

青春期的孩子身心正处在迅速发展变化的一个阶段，很多孩子在这个时候表现出对身体的不自信，开始担心自己的身材，有的孩子甚至为了病态的瘦而故意节食减肥。无疑，不科学的节食减肥会对他们正在快速发育的身体造成极大的破坏。为了解决这个问题，营地专门设计了泳装秀活动，让孩子们充分发展对自己的身体自信，也让他们能够正视别人的眼光。

三、提升创新整合能力的方法

在营地教育中，教育理念、教学方法、教学内容等方面的创新整合建立在导师个体的基础知识理论和充分的实践与思考中。但正如这个词本身的意义一样，如何创新没有一劳永逸的方法，只有不断提升自己，才能具备创新整合能力。哈佛大学商学院克莱顿·克里斯坦森（Clayton Christensen）教授和他的同事通过八年的调查研究了创新者职业生涯中最有价值的创新性构想的产生过程。他们在《创新者的基因》一书中，总结出五项有利于创新的能力：联想、发问、观察、实验、建立人脉。

联想能力是能够把旁人认为不相关的领域、问题和想法联系起来的能力。这种能力的基础其实来源于创新者的经验及其储存的知识，尤其是当创新者具备跨学科和跨领域的知识时，容易激发新奇的想法。要在营地教育中有所创新，营地教师本身必须具备宽广的知识面和对知识的深度理解。个体拥有的知识越多，用来组成创意的元素也就越多。从个体的知识深度来说，知识不应该是零散的，所有的知识都应该存在于知识体系中，并和其他知识产生关联。只有这样，个体才会对知识有更深刻的理解和洞察，知识才能真正有用。就像玩积木一样，让这些积木之间彼此连接和自由组合，就能产生无数新造型。

发问能力则是一种质疑、批判、反思的能力。我们需要去思考：已有的知识就没有错误吗？已有的东西就不能改进吗？向权威学习的同时，就不能否定权威、超越权威吗？这个质疑的过程，往往会激发新的见解、新的可能性和新的方向。在营地教育中，如何让课程不断与时俱进，这需要营地导师具备发问能力。导师要能够时时反思并质疑如何将课程与学员的需求进行匹配，让课程在营地和学员的互动中不断升级。同时，这个反思与质疑的过程还特别需要运用联想能力把自己过去已有的经验和孩子们的经验，以及营地现场结合起来，找到彼此之间的关联。在此基础上进行的创新，可以让孩子们在营地中有更多的收获。

观察能力是一种善于发现细节的能力。我们生活的世界远非完美，科学进步和经济社会发展又不断产生新问题和新需求。问题背后其实隐藏着需求，而需求的背后是机会。可以说，观察并发现问题是创新中关键的一步。例如，1944年，美国人埃德温·兰德（Edwin Land）三岁的女儿在爸爸去冲洗照片的时候抱怨，为什么要等上一周才能拿到照片呢？兰德意识到这是个问题，后来，他成为即时摄影的发明者、宝丽来公司创始人。

又如，2007年秋，罗德岛设计学院的两个毕业生布莱恩·切斯基（Brian Chesky）和乔·格比亚（Joe Gebbia）发现，在旅游旺季的时候，旅店都是客满的，来了客人也没有多余的房间，但是当地的居民却有大量的空余房间可以利用，所以爱彼迎（Airbnb）诞生了。宝丽来和爱彼迎的诞生都是来源于创始人对问题的观察发现。在营地教育中，导师需要关注营地课程实施过程中的细节，比如注意学员在营地中的行为表现和情绪变化，从细节中发现问题、解决问题。

实验能力是一种敢于尝试和行动的能力。创新意味着从无到有地产生新事物，它往往源于一个想法，而这个想法的实现或许是一条坎坷的道路。行动力强、敢于不断尝试是创新最直接的体现，是接近成功的方法路径。

建立人脉的能力其实就是交际能力。个体的学识、专业背景、经验毕竟有限，创新者很难完全依靠自己做成某件事情。但是，当一群人相互分享不同的观点时，就会激发创新的产生。由于营地教育涉及面广泛，需要多种学科的人才共同参与。因此，对营地导师个体来说，如果能够从不同专业背景的人那里吸取到更多的知识，会更有利于他们研发出优秀的课程，也能助力导师个体的职业发展。

你真的无法吗?

对很多人来说，其实生命中许多挑战是可以完成但却未敢去尝试的。尤其对于青春期的孩子来说，他们的生活中面临很多挑战，但有时候会因为各种因素的限制而不敢去迎接挑战。那么，如何激发青少年的斗志，让他们敢于突破自我呢？如果仅仅是告诉孩子们，“你们要勇敢去挑战，你们要突破自己”，类似这样的说教，能够起到的作用很小。某种程度上，还可能让这些青春期的孩子非常反感，因为在家庭、学校中，他们已经听到太多这样的语言。那么我们能不能让孩子们自己喊出来呢？让他们自己喊出无法突破的事情，让他们分享自己认为不能突破的原因，并和团队一起分析是否真的无法突破、怎样才能突破。于是，“我无法”课程就这样应运而生了。

课程开始，通过音乐及故事的带入，召唤孩子们回顾自己的生活、学习历程，激发曾经埋藏在他们心底的梦想和愿望。整个课程，从“我无法”到“我不要”，再到“我一定要”，先让孩子逐步明确自己内心无法达到的目标，再通过营地导师的引导，激发他们内在的动力和激情，让孩子们获得突破自己内心脆弱、战胜恐惧的信心，并进行一定的释放。

“我无法”课程现场

“我无法”和“我不要”的背后隐藏着他们内心深处的渴望，隐藏着后续“我一定要”的斗志。课程的设计缘起于对如何激发青少年斗志的疑问，与情景体验的方法相结合，通过不同专业背景的老师共同研讨，通过一次次的试验，最终设计出“无法”——“不要”——“一定要”层层递进的课程，激发出孩子的昂扬斗志。

苏霍姆林斯基说，教师工作的最重要特征之一是教师工作的对象——儿童经常在变化中，他们的每一天永远是新的。因此，教师不可能采用一成不变的方法来对待每一个学生的成长。作为一种创新教育，营地教育本身也是一种培养孩子们创新能力的教育方式。在大自然与模拟现实中，孩子们通过团队合作等方式能够体验到和学校不一样的教育。在这种体验中，孩子们的想象力和表达力得到极大的发展。这也正是教育的目的——满足孩子的发展需求，针对孩子当前发展的阶段性特征，为其提供更合适的环境，用恰当的方式去协助孩子成长。

关注每一个孩子，认识和发掘每一个孩子独特的禀赋，使得学习不仅仅局限于教室和学校，学生不必削足适履、服从统一的计划和标准。这是营地教育一直希望看到并试图努力实现的教育图景。为不断接近这一图景，需要营地导师充分发挥创新整合能力，不断总结经验，开发出学校教育难以满足的、具有营地独特性的新课程。

本章要点

1. 由于营地教育本身没有成熟的模式可借鉴，目前也没有成熟的营地导师培养体系，所以营地导师更需要创新整合能力。
2. 营地导师需要在教育理念、教学方法、教学内容等方面进行创新整合。
3. 联想、发问、观察、实验、建立人脉是有利于创新的五大能力。

第八章

乘风破浪——营地导师的户外素养

山区远足会将你带入高地世界，向你呈现出一片极具身体挑战而又绚烂宜人的风景。

——英国户外运动家克里斯·拜格肖（Chirs Bagshaw）

一、营地导师的户外素养概述

饥饿游戏

一场游学类的营地课程中，有一项为期24小时的徒步、沙滩露营活动，名叫“饥饿游戏”。顾名思义，这项活动中只有少量的食物。孩子们兴奋地期待着，期待这一天发生很多奇妙的事情。

来到沙滩的第一件事是确定各个小组帐篷的所在区域：谁能离大本营近一些呢？决定的方式不是石头剪刀布，也不是先到先得，而是取决于手中获得的孤岛通用“货币”的多少，通过“土地竞拍环节”，拍得喜欢的区域。

随后，伙伴间相互协作搭建帐篷，建设晚上的小窝；挖防水渠，以免下雨或者海水涨潮时冲垮帐篷。导师事前在沙滩埋下很多“宝藏”，一声吆喝，孩子们打着手电筒开始在沙滩上寻找起来，有因为找到“宝藏”而尖叫欢呼的，有因为没有找到而发出叹息的，有飞快奔跑的身影，有细心探索的步伐……每一个孩子都带着发现的眼睛寻找着。

晚餐环节更是将活动推向了高潮：经历几个小时的活动，一身疲惫的他们本该大快朵颐，却要用自己行动赚取来的通用“货币”购买食物和水。有的团队几个人买一碗粥分着喝；有的团队咬牙坚持着，不舍得把“钱”花出去；有的团队一边吃着东西一边积极地做着导师随时发布的任务：清理地上的垃圾，为同伴表演才艺……

一片欢腾中，旁边的篝火缓缓燃起，篝火晚会上，每一个小组都积极踊跃地展示自己团队的风采，每一个孩子更是献才献艺。一团篝火，一群人，一片沙滩，便是一个宽广的舞台。夜深了，孩子们钻进自己的帐篷，在月光下伴随海浪声说着属于自己青春的悄悄话，而导师们则在海岸边轮番值守，只为确保每一个孩子的安全。有的孩子听着海浪声，想起了很多

营地学员在篝火旁

往事，便坐起来跟岸边的老师聊天谈心；有的孩子第一次离开家，第一次和同伴在海边露营；有的兴奋，有的想家。导师们跟他们聊天，关注和照顾他们的情绪，直到孩子们全部伴随月光入眠。

第二天清晨，伴随着第一缕朝阳，孩子们纷纷在海浪拍击的节拍中醒来，找一块空地，创作自己理想中的沙雕作品，导师们巡视着沙滩，像是在游览一个巨大的游乐场工程，各种天马行空的创意和想象映入眼帘。这是最考验导师的：要在众多创意中发现每一个孩子身上的优点，发现每一个创意背后的价值，去合理地嘉奖每一个团队，每一名学员。

户外营地教育是指在户外环境中，以教育为目的而进行的各种有组织的培训活动，它是一种发生在户外环境中的、简单而直接的体验式学习方式。它基于发现性学习和探究性学习的原则，强调直接利用感官来接触和了解大自然和社会。营地导师是引导孩子用心感受自然的引导者，是带领孩子开展户外活动的带领者，是启发孩子思考的启发者，更是活动中遇到任何状况都要第一时间解决的问题解决者。不同于室内授课的教师，户外导师往往身兼数职，需要具备更多能力、付出更多精力。导师需要发布任务，执行活动，检查物料，确保课程正常进行。没有授课任务的导师，也要时时观察团队氛围和每一名学员：若学员出现负面情绪需要及时疏导，若学员之间发生矛盾需要立即调节。在课程进行的过程中，遇到任何意外状况，都需要第一时间解决。这些都是营地导师在户外课程中需要具体负责的工作。

此外，所有的户外导师都有一个共同的职责——保障学员的安全。虽然户外课程在研发过程中已经将安全性视为重中之重，在开课前也经过反复的调研与测评，但由于户外环境的不确定性，安全问题依然是所有导师都需放在第一位的。课程活动结束后，学员若想进行其他课程外的活动如捉螃蟹、看日出等，导师要评估活动的安全性，预估风险，并全程陪伴。学员入睡后，导师还要轮流值班，保证整晚一定会有一名导师值班。

二、营地导师户外素养的关键能力

在户外营地活动中，我们可以看到其对于一个导师自身能力的要求。户外导师要具备面对各种突发情况的抗压能力，对于周围环境敏锐的觉察能力，对于每一个孩子身上特质的发现能力，对资源的汇总整合能力；最后，也是在整个户外活动中最重要的，确保每一个学员身心安全的保障能力。如果没有以上能力，所设计的课程缺少灵动性，没有等到孩子有所收获，导师就已濒临崩盘。因此，营地导师需要具备的户外素养包括三大方面，即抗压能力、自然感悟力、保障能力。

1. 抗压能力

心理压力是个体在生活适应过程中的一种紧张状态，源于环境要求与自身应对能力的不平衡，这种紧张状态倾向于通过非特质的心理和生理表现出来。压力是压力源和压力反应共同构成的一种认知和行为体验。人的内心冲突及与之伴随的情绪体验是心理学意义上的压力。因此，压力是外部事件引发的一种内心体验，面对同样的压力源，不同人感受到的压力不同，压力反应也不同。

抗压能力其实就是心理承受能力，是对逆境引起的心理压力和负性情绪的承受与调节的能力，主要体现为对逆境的适应力、容忍力、耐力和战胜力。在户外营地课程中，非常考验导师的抗压能力。户外营地教育活动，常常需要在不同的环境中切换。特别是户外环境有时会有些艰难，出于本能，面对不舒适的环境时人会出现负面情绪。如果导师表现出一丝负面情绪，就会很快传播到孩子身上。因此，作为户外活动的引导者，导师需要尽快适应环境，以最好的状态带领孩子进行活动。在一些环节如徒步中，会为学员设置一些有挑战性的活动。这些活动对成人来说也并不容易，这就需要导师具有较强健的身体机能去完成。面对一些突发的困难，营地导师还需第一时间解决问题，战胜困难。因此，营地导师必须要具备很强的抗压能力。

穿越热带雨林

在一场探险类徒步营地课程中，导师带领孩子们徒步12公里穿越雨林。炎热的天气，泥泞的小路，还有随时可能出现的突发情况：有的时候走着走着就下起了雨，孩子们披着雨衣挽起裤腿前进；有的时候走了一两个小时看不到尽头，孩子们就开始抱怨；还有的孩子体能不够好，步子迈得比其他伙伴还要艰难……面对种种情况，营地导师要承受的不仅仅是压力，更多还有内心的考验。

一次徒步中，有一名叫兜兜的孩子，因为身体比较肥胖，行进起来比较困难。兜兜逐渐脱离了自己的小组，走在整个队伍的最后面。负责在最后压住队伍的导师为兜兜加油打气。兜兜看到一起前行的小梦走到一半，因为有哮喘病不能长途远足而上了后备车，心情更加低落。导师就一路与兜兜聊他感兴趣的话题：从互相分享自己的故事，到不同游戏中的角色转换，再到爸爸妈妈的互动模式，再到学校里的同学老师，再到以后想要去哪里旅行……聊天中，兜兜徒步的兴致也越来越高。兜兜因为体态偏胖，再加上行走时间较长，大腿内侧都已经被磨红了，但是在导师的带领下依然雀跃着。导师心疼地对兜兜说："兜兜，腿太疼的话也不必一直坚持，你可以上车的。上车并不代表你是一个不坚持的人，爱护自己的身体也很重要。"兜兜说："我发明了一种走路方法，这样就不会磨到腿了。"说

营地学员在热带雨林中穿行

着就把腿叉开，同时更加坚定地说："老师你放心，我一定会完好无损地到达终点的，相信我，我一定可以。"

上面这个故事的导师面对兜兜即将掉队的突发情况进行及时的关注和引导，帮助其将目光从看似遥遥无期的目标聚焦到其他开心的事情上。当老师看到孩子身体出现不适时，表示可以坐车，是为了学员的安全着想。而兜兜凭借自己的意志力与切实可行的办法，最终做出自己的选择，坚持下去。

躬身入局

一场户外营地中，因为前几天经历了台风，泥泞的路上还有很多积水，孩子们寻找干燥的土地弯弯绕绕地行进着。可是途中要穿过一个桥洞，桥下积满了水，躲无可躲，孩子们有些不知所措。这时，只见平时看起来纤细干净的女营地导师直接脱下鞋，挽起裤腿，踩着水到了桥洞下，一边走一边兴奋地喊着："小马小马快来呀，水没有到我的膝盖，也没有到腰，只淹没了脚踝。"孩子们一阵哄笑，本就充满了好奇心和探索欲望的他们要去试试水。有的孩子年龄比较小害怕水，身材高大的哥哥就主动上前充当雷锋，背着小朋友过河；有的孩子踩着水兴奋得尖叫……就这样，在一路的欢声笑语中，在打湿的鞋子下，踩出了一条不一样的小路。

户外活动中，会遇到很多自然环境带来的挑战，看似是一个困难摆在面前，但是当导师用恰当的方法进行转换的时候，把过水洼变成小马过河的故事，困难便成了一个有趣的尝试。这个过程中，导师亲自示范也为孩子们起到了榜样作用。所以对于营地导师来讲，不仅要承受户外环境对于身体的挑战，也要具备面对突发状况及时转换危机的能力。导师的抗压力，也会给学生们带来榜样的力量，启发他们在面对困难的时候不要一味抱怨，应想办法积极解决，用快乐向上的心态去面对。

2. 发现能力与自然感悟力

发现能力是从细小的事物里感受时代的脉搏，看到社会生活，体会人与人的关系的能力。自然感悟力是指对自然的感受和领悟能力，也是发现能力的前提。户外营地对导师自然感悟力的要求往往更高。自然感悟力按照不同的感受器官，可分为眼、耳、鼻、舌、身、意六个维度。在户外营地中，导师的自然感悟力在这六个维度也有不同的体现。

· 眼——代表着我们能够看到的户外的自然风景和人文特色。例如在海南就会关注到大海、沙滩、椰子树，而在西双版纳可以看到的是具有民族特色的服饰和房屋建筑。通过不同的刺激，可以发现更多不一样的、五彩斑斓的美好。

· 耳——指的是我们能够听到的。例如不同营地活动中不同场景的音乐，在草坪上狂欢时动感而热烈的背景音乐，举行仪式时厚重而神圣的音效；还有在不同地域听到的不同语言；还有大自然本身的声音，海浪的拍打声，植物被风吹动的声音，动物的叫声，又或者是夜深人静的静默无声……导师在“耳”这一维度具备的自然感悟力，能够提升环境的氛围，通过不同的声音带动场能。

· 鼻——指对气味的感知力。户外营地活动中会伴随不同的气味，在海边感受大海独特的味道，可以去海边踩浪花，可以泡在水里；在漫长而艰辛的跋涉后，烤肉的香气会激发珍惜食物的体验。

· 舌——品尝不同地域的美食和当地独特的食材，体验饥饿感和满足感，是“舌”这一维度的意义。

热带雨林中的舌尖美味

在西双版纳的热带雨林里，孩子们品尝着螃蟹、芭蕉汁等特色食物。它们在味蕾中盘旋，让孩子们体验着不同的美味，有的孩子胆子比较大，品尝了一口，还跟其他同学分享是什么样的味道。有的孩子开始不敢尝试，但是看到其他同学吃得津津有味，也壮着胆子尝试起来，闭着眼睛伸出舌尖，咂咂嘴巴，一口吃下去……孩子们兴奋的叫声、笑声，响彻整个雨林。

· 身——用身体进行感触、互动、体验。在户外教育中，无论师生，打开肢体，用全身心去感受尤为重要。在沙滩上奔跑甚至跳舞，潜入海中探索海洋世界，体验当地的风土人情，在偌大的夜市里自信舞蹈……都要通过导师运用身体的感悟力让孩子发现更多美好和可能性。

·意——指的是将人带入某一意境的能力。户外营地活动中有很多充满想象力的企划，这时导师就要通过“意”这个维度使学员进入预设的意境。在一场场别开生面的故事与探险中，满足孩子们的冒险欲，激发他们的创造性与想象力。

当一个户外营地导师具备“眼”“耳”“鼻”“舌”“身”“意”等六个维度的自然感悟力时，就能使营地教育区别于传统的旅行，告别无聊的景点打卡，调动学生的全身心，加强他们的体验感，提升他们的参与度。营地导师拥有了发现能力之后，可以更好地、全身心地感知学员需求，根据学员需要发现其身上更多的资源，同时也会根据课程需要发现更多周围可利用资源，不管是植被茂密的树荫，还是一望无际的大漠，都可以根据需要创造环境，根据环境利用其资源。

3. 保障能力

保障能力在营地教育的户外课程中至关重要。保障不仅仅体现在课程的顺利运行，更体现在学员的安全与身心健康。在户外营地教育中，保障能力根据不同领域可分为应急保障能力，安全健康保障能力，管理保障能力。

·应急保障能力。营地教育活动中，总会有大大小小的不确定因素，如天气，孩子的情绪状态，团队的氛围等。当户外导师遇到这些因素时，需要第一时间进行处理，把各种不利因素的影响降到最低，保证活动的正常进行，学员的体验感不会下降。对此类问题即时处理的能力即为应急保障能力。

·安全健康保障能力。户外营地活动在设计过程中就应尽可能地考虑到安全风险并规避之。活动中，孩子的好奇心比较强，可能会想做一些活动安排外的事情，此时导师应该先预估安全性，在安全的情况下陪伴孩子一起进行。户外的大部分活动都需要团队合作完成，青少年血气方刚，有时会和队友起一些小摩擦。遇到这种情况，导师应即时干预，阻止事态扩大化。对于由此产生的情绪问题，导师要在适当的时机对孩子进行心理疏导，在保障孩子身体安全健康的同时也保障孩子的心理健康。

· 管理保障能力。户外营地中，导师分为不同的职位。例如主训导师，营长，会务组，安全组，督察……每个岗位都有不同的分工与责任。户外营地活动的顺利进行少不了每一个岗位的导师的努力。此外，管理保障能力还体现在课程设计中。设计课程时要进行逆向推演，判断在活动实施中可能遇到哪些困难和阻碍导致完不成目标，以及如果完不成这个目标应该怎么办。如果出现一个问题后，又诱发了一连串的问题，应该怎么面对和解决？设计中还要做好提前备案，即在A方案设定之后，还要设定B方案甚至C方案。

登雪山可能遇到的突发情况与应对方案

突发情况	应对方案
1. 天气寒冷，行动不便	A. 出发前进行热身活动 B. 鼓励团队士气，激发孩子们战胜恶劣天气的斗志
2. 登山过程中无聊难耐	A. 带队老师提前熟悉当地文化和神话传说，途中跟孩子讲故事 B. 活动中发布一些小任务，使孩子们保持思考与兴趣
3. 行进中体力不支	A. 提前宣导，跟孩子们强调早餐的重要性，每个人必须吃早餐，储备身体能量 B. 提前准备好糖、巧克力等高热量食物
4. 游客较多，排队等待时间过长	A. 提前了解当季人流量，进行踩点，错开人流高峰
5. 学员较多，容易走散	A. 分小组行进，每个小组配备导师，各小组学员按年龄大小合理搭配，相互照应 B. 出发前强调纪律和安全，不允许单独行动

在安全的环境下登雪山

本章要点

1. 营地导师户外素养包括三大方面，即抗压能力、发现能力与自然感悟力、保障能力。
2. 自然感悟力，包括“眼”“耳”“鼻”“舌”“身”“意”等六个维度。
3. 保障能力根据不同领域可分为应急保障能力，安全健康保障能力，管理保障能力。

参考文献

[1] Snyder，C.R.Handbook of hope [M] .San Diego：Academic Press.2002.

[2] Pinker，S.How the mind works [J] .New York：Norton.1997.

[3] Seligman，M.Learn Optimism：How to change your mind and your life [M] . New York：Pocket Books.

[4] Lee, Deok-Hee. The Mediated Effects of Self Esteem, Social Support, and Stress Coping on the Relationship between Stress and School Adjustment of Multi Cultural Youth [J] . 한국산학기술학회 논문지, 2016, 17（1）:544-552.

[5] American Psychology Association Help Center. The Road to Resilience：What is Resilienc？ [EB/OL] http：//www.ap-ahelpcenter.org/featuredtopics/feature. Php？ id=6&ch=2，2002.

[6] Fred Luthans，Carolyn M. Youssef，Bruce J.Avolio，李超平译.心理资本：打造人的竞争优势 [M] .中国轻工业出版社，2008，1：1-110.

[7] Doug Strycharczyk，Peter Clough，周义斌等译.心理韧性：内心强大的终极秘密 [M] .中国理工大学出版社，2017，1.

[8] Ami Flowers Staples，Lincoln R. Larson，Ti' Era Worsley，Gary T. Green，John P. Carroll. Effects of an art-based environmental education camp program on the environmental attitudes and awareness of diverse youth [J] . Routledge，2019，50（3）.

[9] American Camp Association [EB/OL] .2019.www.acacamps.org/about/celebrating-150-years-camp-moments.

[10] 胡阳，范翠英，张凤娟等. 青少年网络受欺负与抑郁：压力感与网络社会支持的作用.心理发展与教育，2014，30（2）：177-184.

[11] 顾明远. 人人都需要学习的教育学 [N] . 光明日报，2015.

[12] 赫伯特·斯宾塞. 斯宾塞的快乐教育全书（经典畅销珍藏版） [M] . 北京理工大学出版社，2013.

[13] 郑素华，童年学：童年研究的新可能空间 [J] . 中国儿童文化，2013.

[14] 约翰·杜威. 民主主义与教育 [M]. 中国轻工业出版社，2014.
[15] 劳拉·伯克，陈会昌. 伯克毕生发展心理学（第4版）[M]. 中国人民大学出版社，2014.
[16] 卢德平. 青少年领导力的萌芽和形成——基于三个城市26名高中学生干部的深度访谈结果 [J]. 中国青年研究，2008（05）：10-15.
[17] 约翰·哈蒂，金莺莲，洪超等译. 可见的学习：最大程度地促进学习（教师版）[M]. 教育科学出版社，2015.
[18] 埃利奥特·阿伦森.不让一个孩子受伤害 [M].华东师范大学出版社.
[19] 米哈里·契克森米哈伊.心流：最优体验心理学 [M]. 中信出版社，2017.
[20] 马胜旗，慈海彤，吕军城.山东省青少年抑郁现状及影响因素分析 [J]. 现代预防医学，2020：47（05）：839-843.
[21] 马丁·塞利格曼.教出乐观的孩子 [M]. 万卷出版公司，2010.
[22] 薛保红，南燕. 发达国家营地教育发展及其启示 [J]. 重庆交通大学学报（社会科学版），2014（14）：126-128.
[23] 乔纳森·布朗.自我 [M]. 人民邮电出版社，2010.
[24] 李海磊，张文新. 青少年的学业压力与抑郁：同伴支持的缓冲作用 [J]. 中国特殊教育，2014，10：87-91.
[25] 许颖，林丹华. 家庭压力与青少年抑郁、孤独感及幸福感——家庭弹性的不补偿与调节作用 [J].心理发展与教育，2015，30（5）：594-602.
[26] 聂衍刚，曾敏霞，张萍萍等.青少年人际压力、人际自我效能感与社交适应行为的关系 [J].心理与行为研究，2013，11（3）：346-351.
[27] 李董平，许路，鲍振宙等.家庭经济压力与青少年抑郁：歧视知觉和亲子依恋的作用 [J].心理发展与教育，2015，3：342-349.
[28] 王攀峰，张天宝，赵青坡.中小学生学习生活现状的调查研究——基于对北京市中小学生的调查 [J].教育理论与实践，2014，20：44-47.
[29] 陈燕.青少年亲子依恋、心理韧性与问题行为的关系 [D].山东师范大学，2019.
[30] 武孝毓，何疏悦，李方坷，朱阳.美国日间营地的课程规划设计及管理体系研究 [J].体育世界（学术版），2019（12）：137-139.
[31] 陈美红，苏敷志.政策市场双驱动下粤港澳大湾区营地教育的发展现状 [J].亚太教育，2019（11）：10.
[32] 赵煜. 营地体育教学模式对青少年体育素养影响研究——以三年级定向越野课程为例 [C]. 中国体育科学学会.第十一届全国体育科学大会论

文摘要汇编.中国体育科学学会：中国体育科学学会，2019：5942–5943.
［33］杨晨飞，赵兴武，但懿.户外营地教育在衔接学校、家庭教育中的价值［J］.青少年体育，2019（10）：109–110.
［34］卞伯高，李强，余洋.我国青少年营地教育师资状况分析与配置策略［J］.教育学术月刊，2019（08）：71–76.
［35］王贞，何雨薇.青少年营地教育中陶瓷设计课程研究［J］.湖南包装，2019，34（03）：114–117.
［36］泛游学与营地教育市场空间广阔［J］.成才与就业，2019（06）：43.
［37］江超. 安徽省国家级青少年户外体育活动营地发展现状与对策研究［D］.安徽工程大学，2019.
［38］林雅橙. 乡村中的儿童自然教育营地规划设计策略研究［D］.华南理工大学，2019.
［39］刘继才. 贵阳市青少年户外营地教育发展策略研究［D］.贵州师范大学，2019.
［40］湛晓东. 北京市青少年户外体育营地运营风险识别研究［D］.北京体育大学，2019.
［41］杨菲. 美国营地教育的典型模式［N］. 中国旅游报，2019–05–28（003）.
［42］泛游学与营地教育白皮书–发布版 2019年［C］. 艾瑞咨询系列研究报告（2019年第5期）.上海艾瑞市场咨询有限公司，2019：583–620.
［43］王超瑞. 江苏省青少年户外体育营地发展现状与对策研究［D］.苏州大学，2019.
［44］张旭东.2014.国外青少年夏令营运作模式及启示［J］.中国青年研究：114–119.
［45］鲍瑜，王露青，万田户，刘佩琳.营地教育驱动下高校研学旅行产品开发思路［J］.西部素质教育，2019，5（06）：60–61.
［46］联合国教科文组织国际教育发展委员会. 学会生存：教育世界的今天和明天［M］. 教育科学出版社，1996.
［47］David Shaffer.发展心理学［M］.中国轻工业出版社，2013.
［48］唐纳德·A.舍恩，夏林清. 反映回顾：教育与咨询实践的案例研究［M］. 教育科学出版社，2010.
［49］吴杰. 追寻生活的意义［D］.南京师范大学，2015.
［50］爱弥尔·涂尔干，渠东，付儒根译.职业伦理与公民道德［M］,上海人民出版社，2006.

志行天下

我们是最棒的团队

泡泡浴

海边露营

天使领袖

我的团队我的旗

士气展示

饱含深情的诗朗诵

营地精彩瞬间

成立公司

产品培训

产品制作

星光夜市大比拼

蓝图实践

新加坡内政部前官员讲解当地发展历史

金库老师在南洋理工大学下发调研任务

学员在调研途中

学员在维多利亚剧院集合